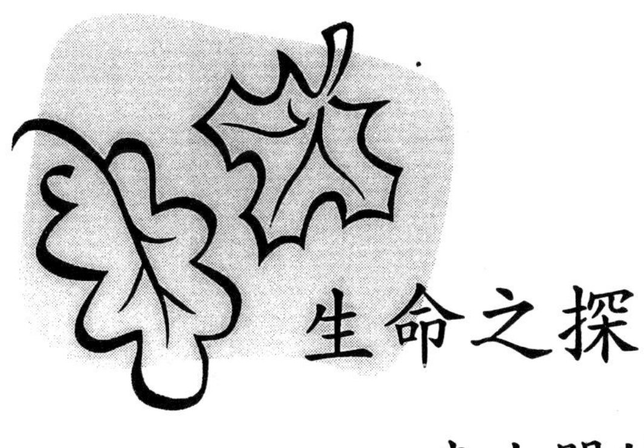

生命之探

—來去間的智慧

傅木龍 著

自序

芸芸眾生有千百種生命起源與生活形態，何者是幸福？何者是無奈？生命應是喜悅，生活應是充實，但浩瀚中存有多少迷失的羊群，何以致之？孰令如此？每個生命皆有不同的故事，在莫衷一是的生命價值中力求自我實現，應是共識；生命的欠缺在所難免，但卻能提供更多元、更寬廣的成長空間，成為自我超越的動力——凡事多一點轉念，生機就在當下！

印度國父甘地說：「用心聆聽，可以聽到上帝的聲音。」某位禪師也說：「用心看，可以看透一切。」我也深深覺得「用心溝通，可以暢行無阻。」「用心」是智慧的泉源，讓生命無掛無礙，更能積極承擔；讓生活坦然自在，更能樂在其中。在生活周遭，只要用心，到處都有需要我們關懷的人、事、物，只要「做」，就能開啟心窗，滲入清涼氣息，活化方寸之鬱氣。

國中畢業前不曾讀過一本課外書，高中聯考作文成績不到二十分的我，從不敢作夢寫篇像樣的文章，如此物質貧乏的童年，何能妄想提筆著作？如真要有個緣由，或許這就是人生的際遇吧！

生命是父母賜予的禮物，是獨一無二的存有，我心存感恩；人生旅途雖然崎嶇，但知足中，永不放棄，遂常能峰迴路轉！回憶童年，純樸的農村，不識字的父母，給予的是簡樸與溫馨；

廣袤的大自然，孕育的是包容與承擔。那一幕幕的情景，再也無法重現，午夜夢迴，常有意猶未盡的遐思。內心澎湃，無名的勇氣化為文字，竟有如釋重負般的暢快流竄胸懷！

教育生涯年復一年，心頭的漣漪、腦海的激盪，不留下點痕跡，將何以面對虛度時光？父母的典範、岳父母的關懷、恩師的提攜、兄姊的支持，如能將之分享，或能為當前紛擾的社會注入些活水。尤其內人的賢慧，讓我無後顧憂；小女的純真，更增添我生活心得，如是，開啟塵封的心靈，讓我試著將生活點滴予以轉化，讓教育心得融入生活。寄望知識的詮釋及生活的經驗，能傳承人生的智慧！

這是一個矛盾、弔詭的時代，有些事努力後會有好的結果，生命會燃起一份喜悅與衝勁；有些事即使再怎麼努力，也可能白忙一場、落人口實，而掀起一份茫然與無奈。其間的奧妙，不就在方寸間的智慧？本書是我發表在《師友月刊》的系列文章，包含著緬懷父母、親情與師生情意的溫馨、童年生活的省思及對老家的追憶；也對老人關懷與親職教育賦予新的意涵；更對社會現狀的觀察提出懇切的期許，這是我良知的醒覺，也是自我的惕勵！

生命中有太多的貴人，引我前進；成長中有太多的體驗，讓我醒悟！希望能無愧人生，盡我所能分享給大家。有幸出書，多位好友建議邀請師長賜序，但既以簡單為尚、無罣惕勵、自在隨緣，就試著以我純真的心野人獻曝！能出此書，《師友月刊》主編藝華好友的鼓勵與指教，讓我得以串起模糊的記憶；本部國語會秀鳳小組的慨然讎校，使文意更為流暢；內人百香於工作及家務中挑燈指正，更彰顯文章內涵之精神；當然，心理出版社的支持與贊助，更是重要的臨門一腳。謹用我真心的愛，回饋所有關心我、協助我的人！深受李家同先生大作的啟迪與捐出版稅的感召，經內人提醒，謹將本書版稅奉捐創世基金會，期能為人性的尊嚴與價值略盡綿薄，以慰先父在天之靈，也慰曹老先生的慈悲！

傅木龍

2003.03.29

目　錄

附錄：

6 生命之探：來去間的智慧

人生來去

作者小時與母親、二姊及妹妹於老家庭院合影

我認為除了「愛」之外，「幫助」這兩個字是人與人相處最為重要與溫馨的動詞。當一個人有能力關懷別人、幫助別人，卻吝於開啟善門、伸出援手，卻沒想過一旦到達人生終站，大家不也都一樣回歸自然嗎？

追憶中緬懷老家

每個人都有出生的「老家」，而我的老家在偏遠的山坳間，歷經多年的狂風侵襲、豪雨拍打及烈日的燻烤，屋頂早已不見層疊的瓦片，只有家兄為其穿上的透明雨衣布；支撐的橫樑、柱子，也已在白蟻的肆虐下百孔千瘡；泥土方塊的牆壁在歲月的更替中，也似駝背的老人，擠成拱形。一眼望去，斷垣殘壁、雜草叢生的老家，似已不成家的樣子，但它依舊是曾經孕育我生命的源頭。

每次返鄉探親，總有一股衝動想回到那原生地，為的是想要再次感受童年農村左鄰右舍大家庭般的生活情景，也渴望能藉此追憶兒時的歡笑與爛漫；而沈浸在山林原野間，佇立聆聽來自四面八方的蟲鳴鳥叫，深深的吸一口氣，芬多精就如同雪球般綿綿不絕的從身上每個毛孔竄入，是那麼的令人陶醉！突然間，陣陣的叫聲劃破寂靜的山林，猛抬頭，三五隻翱翔的巨鷹，早已在上空盤旋，是牠們例行的巡視？抑是迎接我這不速之客？甚或把我當作飽餐的獵物？這些遠離塵囂的老鷹，長年生活在大自然的洗滌與滋養中，原本攻擊獵物的凶性，在那此起彼落的叫聲中，似乎已感受不到有一絲絲的威脅。大自然孕育著所有的生物，也讓每一種生物在生生不息中不斷的轉化。而自稱萬物之靈的人們，是否能感動於大自然的寬大、包容、不爭與自在，好好珍惜身為大自然的一員，而能與大自然共存共容！

讚歎中感受生命的悸動

春季的五月，大地換上了綠油油的新衣，展現出生意盎然的氣息。利用週休返鄉的機會，趁著大清早直奔老家的山林。穿梭在幽靜的田間小徑上，迎面而來的是霧氣般的清新空氣與葉片上晶瑩剔透的露水，頓時，一幅神氣活現的大自然美景映入眼簾、深入心坎，早已在不知不覺間將都市擁擠、忙碌生活的鬱氣化為烏有，那種心曠神怡的舒暢，好不快活！回到祖先留下的山林，首先看到的是聳立在叢林間的油桐樹林，此時，盛開的油桐花好似雪花般把蒼翠的叢林鋪成一條潔白的大道，令人嘆為觀止。昔日，撿拾油桐子，是我們小孩假日功課之一，穿梭在一株株油桐樹間，誰也不曾欣賞過遍布滿山滿谷的油桐花能如五月雪般的亮麗迷人。如今，它那壯麗的花海卻在驀然間開啟我那深層的兒時情懷。曾幾何時，景物依舊，但卻有如此不同的觸動，這不也是一種人生嗎？

此次造訪老家的主要目的，是想看看家兄種植的果樹「波羅蜜」是否成功的孕育果實。在台灣南部，波羅蜜是常見的果樹，果實大者可達十來公斤，風味絕佳，市場雖可買到，但自己種植卻別有一番情趣。幾個月前，山上那株茂密的波羅蜜長出一顆顆拇指般大的果實，心中有無限的期待，不是為了等待享受果實的美味，而是看到果實成長的快感與喜悅，尤其如能順利長成十幾公斤的壯觀景象，心中當油然生起對生命的珍惜與感動，而那支撐果實的樹枝承受著多少的負擔與煎熬，不也令人感佩嗎？但事與願違，這棵約莫五年樹齡的波羅蜜，卻讓翠綠的果實不知為何逐漸變成焦炭般的乾枯掉落於地上！我在樹底下專注地前後左右的凝視尋找，希望能有奇蹟的出現，幻想一顆巨大的果實就在眼前，不一會兒，頭昏了，眼花了，頸也酸了，氣也快洩光了。就在茫然間，一顆長得如拳頭般大的波羅蜜掛在層層茂密的樹葉間，好似害羞地嬰兒向我招手，它是眾多果實中唯一的倖存者，也是這棵果樹有生以來的「第一胎」，它象徵著生命的傳承與希望，怎不令人驚喜與感動。一股腦兒的喜悅伴隨著默默的祝福，真心的希望它經得起大自然的風吹日曬，也能抗拒各種不知名小蟲的騷擾，成功的為這株新樹開啟生命的里程碑。

認命中享受生活情趣

漫步在山坡小徑，陶醉於大自然的美景，腳踝感到一絲絲的刺痛，赫然發現兩腳褲管已爬滿了好奇的小花小草，我急欲頓腳抖落，卻見那些小玩意兒伴著跺腳的起落而搔首弄姿，好不令人為之氣結。忽然聽見幾聲鋤頭剷草的聲音，一位老農正雙手握緊鋤頭，辛勤的剷除西瓜藤邊的雜草。他是以前老家的鄰居，堅持留守田園，而在不遠的地方，還蓋了都市化的樓房。平日當建築工人，假日就回到自己的田園墾荒，栽種著鄉下傳統的蔬菜。看他汗流浹背，卻也不急不緩的談論著他的人生奮鬥史，一份滿足自在的神情，深深的感受到他正品味著苦盡甘來的逍遙生活。問他，如果政府加入世界貿易組織（WTO），農人將何以過活時，他卻似不知天高地厚般地高亢的說：「人自出生落地的一剎那，這一輩子的命就已經註定，要吃多少、穿多少、用多少，是無法改變的。管它外界怎麼變，好好認命，自己種田就可以過生活。」聽這簡單的幾句話，平淡無奇且略有宿命的消極心態，但仔細推敲，其中蘊涵了多少實際人生的體悟，尤其出自一位歷經風霜的老農口中，相信一定有他特別的意涵。閒聊間，他告訴我，子女已成家立業，又有田地可以耕種，他的人生已很滿足。因此，平常當建築工人賺的錢，多用來「積德」；種的菜，也多分享給需要的人。印象中，這位老農在年輕時，生活非常艱苦，除自己要日夜打拚外，太太也常衣衫襤褸、步履蹣跚的一手背著嬰兒、一手牽著幼子，在炎炎夏日中忙於農事，而在苦盡甘來後，仍不失過苦日子時的本性，悠哉的在做「積德」的善事，這難道不也是一種坦然認命的「放下」嗎？

關懷中展露生命的價值

上個月西藏精神領袖達賴喇嘛到訪，掀起一陣的宗教旋風。達賴喇嘛已是年六十六的老人，他為了西藏人民的希望、為了世界的和平，奔波於世界各地，他雙肩擔負的責任是那麼的沉重與艱難，他所承擔的使命是那麼的崇高與偉大。他十六歲失去國土，二十四歲成為難民，一直過著顛沛流離的生活。從一般世俗的眼光來推測，他的生活應該是苦悶與煎熬的，他的心靈應是充滿憤怒與怨懟的，但從他到訪後的媒體採訪中，臉上總是保持那份純真無邪的笑容，完全感受不到一絲絲的煩惱與憂愁，而我有幸於四月六日前往圓山大飯店聆聽他的演講，他講演的主題是〈普遍性的責任〉（universal responsibility）。從他的講演內容可以深刻地感受他關懷人類的慈悲情操、追求寧靜和平的恢弘氣度及不急不緩的自在神情。在聽講及媒體的報導中，達賴喇嘛似已超越個人自我的名相，跳脫塵俗的物慾與自我的設限；而在弘法過程中除了闡述佛法的精義，他提到自己沒有實踐菩提心，幫助各地難民離苦得樂，因而掉下了一顆沉痛感傷的眼淚。一位慈悲的長者以人民之苦為己之苦，以助難民得樂為己之責，如此高尚的情操與不凡的氣度，在追求物質享樂的功利社會，顯得格外的珍貴，也是當前有志之士所應愧嘆與效法的對象！

達賴喇嘛說到：「我不是神，而跟大家一樣只是個平凡的人。」簡短字句，卻鏗鏘有力地如醍醐灌頂敲醒沉睡的「迷徒」。社會上無數「求佛」、「求道」的善男信女，汲汲於追求外在的名相，甚或竭盡所能力求「神通」之際，面對世人眼中「活佛」所展露之謙卑，能不稍加停下零亂的腳步、安頓莽動的癡心，從心反觀自照，找到生命的重心，開展生命的價值嗎？記得梅爾・吉勃遜主演過的電影「英雄本色」，內容緊張刺激，造成一時轟動，而在電影海報上的一段話「每個人都會死亡，但不是每個人都真正地活過」，更令人玩味。達賴喇嘛在《新千禧年的心靈革命》一書中也特別提到，離苦得樂是我們的天性，而真正的快樂是源自於關懷他人後所得到的一種內心平靜。所以，他勉勵世人要培養惻隱之心，積極地把心裡對別人的關懷表現在行動上，如此才能讓尚未用掉的生命活得有意義。他也提醒我們，如果有諸多的原因致使我們無法幫助別人，至少也不要傷害別人。試想，在這世界走一遭的過程中，真的能從傷害別人得到任何東西嗎？我認為除了「愛」之外，「幫助」這兩個字是人與人相處最為重要與溫馨的動詞。因此，當面對那些能力不如我們的人，更要誠懇的引導與幫助；而和那些職位比我們低的人相處，尤須謙卑的表達關懷與包容。當一個人有能力關懷別人、幫助別人，卻吝於開啟善門、伸出援手，卻沒想過一旦到達人生終站，大家不也都一樣回歸自然嗎？

踐行中開啓人性的良知

在日常生活周遭，只要用心留意，到處都有需要我們表達關懷的人、事、物，唯長久以來，我們多已習慣於口號的呼籲與要求，不易落實在生活與學習當中，也就難以在行動中體驗「付出」的快樂與平靜，因而許多簡單且有意義的行為，無法內化為個人生活及人格發展的重要內涵，致使精神生活空前的貧瘠，即使有再多的規範與倡導，也恐將流於形式的教條。

一年一度的母親節即將到來，可以想到各式各樣的慶祝感恩活動，將為當前紛亂的社會重新燃起一絲絲溫暖的光與熱。身為教育工作者能否藉著母親節的來臨，帶領學生探討有關母親的種種議題，試著進入母親的內心世界，好好體會母親的辛勞、真心感受母親的殷切期望，讓感恩慶祝的活動不致流於商品的促銷，也藉此偉大的節日，激發孩子感恩的細胞、培養反哺的孝心、善盡人子的孝道，以撫慰母親生育、養育、教育的恩德。幾經思索，母親節前夕，和大學生上課時，大膽的讓每位學生上台說出對母親的感念，並親口說出「媽媽，我愛您」。雖是簡短的幾句話，但看到每位同學收起平日嬉皮不在意的笑臉，流露出肅穆的神情，我感受到他們正在搜尋塵封已久的良知與孝心，認真的想著母親的關愛、照顧、叮嚀、期望。

原本是單純的希望同學們能藉此自我反省並緬懷母親的辛勞，但從第一位男同學哽咽、斷續的告白，全班似已莫名地籠罩在難以自抑的感傷氣氛中。接下來，此起彼落的啜泣與哽咽的情景，同學們急忙著傳遞面紙，試圖拭去臉龐的淚珠、抑制啟動的傷懷，卻一發不可收拾。這是人類至真、至情、至愛的淚珠，也是孩子們與生俱來純真善良的本性。許久未曾感受到孩子們如此的真情流露，我自己也深深的吸了一口氣，暫時忍住了奪眶的淚水。四十幾位孩子的陳述，內容雖各有不同，但感恩母親的養育、掛慮母親身體的勞累、惦記母親的孤獨、不負母親的期望等等，概多是孩子們共同的心聲，而說出「媽媽，我愛您」，卻也是許多孩子靦腆不易啟齒的最痛。試想，父母辛勞的生育我們、養育我們、教育我們，孩子們領會了多少？我們的教育不也告訴孩子許多的大小道理，但又有多少生根在生活當中。再多的母親節感恩慶祝活動，如果不能激發孩子內在的良知與孝心，如果不能促使孩子從行動中反哺父母，母親的偉大也將在時代巨輪的滾動中淹沒殆盡！

付出中承擔生命來去

人生短短數十寒暑，忍受著數不盡的苦難與折磨，也飽嘗無情的悲歡離合，人生究竟所為何來？這是世俗的慨嘆，也是一般人必須面對的無奈。如能換個心境，在起起落落的人生旅途，好好品味酸甜苦辣，好好轉化種種的逆境，人生不也充滿著許許多多的歡笑與快樂嗎？誠如法蘭克爾所說：「活著就是要受苦，受苦是要找出受苦的意義。」沒錯，如果能在苦中洗鍊心志，不也是一種超越與成長的契機嗎？而蒂姆·漢塞爾在《你該不停地跳舞》一書中告訴我們：「痛苦不可避免，但人可以選擇是否因痛苦而傷心欲絕」，如此意念的轉化，不也和弘一大師所言：「逆境順境看襟度，臨喜臨怒看涵養」的意境具有異曲同工之妙嗎？佛家以「往生」來闡明人在世間的終點與另一個世界的起站，無非告訴我們人生之無始無終，只是不斷的來去、轉化與變化罷了。叔本華所說：「當你回顧一生時，它看似規畫好的劇情，但當你身歷其境時，卻是一團亂，只是一個接著一個而來的意外；事後你在回顧它時，卻是完美的。」如此的體悟，不也是對人生歷程做了最好的寫照嗎？「人」既是大自然的一份子，自不能免於自然界生生不息的演化與蛻變，當我們看到勘察加半島的鮭魚歷經千辛，定時迴游原出生地生產後死亡的景象時，能不被其生命的堅持、韌性與傳承的價值有所感動而深切的省思嗎？。

我們常說：「人生像一篇文章，不在乎長短，只在乎精不精采。」的確，人生重要的不在於活了多久，而是活著時候的內容。李家同先生在《讓高牆倒下》一書中，曾提到已故諾貝爾和平獎得主德蕾莎修女的默想文中有這樣的描述：「一顆純潔的心會自由地給予、自由地愛，直到他受到創傷。窮人餓了，不僅只希望有一塊麵包而已，更希望有人愛他；窮人赤身露體，不僅希望有人給他一塊布，更希望有人能給他作為一個人應有的尊嚴。」從上述簡短的文句，我們是否領略到愛的真諦？是否能在付出中仍尊重人性的尊嚴，消除傲慢施捨的感覺？生活在現代社會的人們，能否深切的體會生命的意義與價值，涵養寬廣的胸襟，用心去同理世上那些不幸的人，積極地用行動關懷周遭、愛護自然、幫助需要服務的人、事、物，讓內在的心靈得以滋養、充實而平靜。

（本文原刊載於《師友月刊》，民國90年6月，第408期，p.58-61）

坦然面對層層的弔詭

科技的進步，可以讓我們自主地來回於外太空，但卻不易主動地跨越心裡的距離，關懷周遭的鄰居；人類已經征服遙遠的外太空，但對近在咫尺的內心世界卻依然無法有效掌握。

我們曾經擁有——人與動物間的至情

老家的山上，家兄蓋了一間貨櫃屋，偶然來了一隻瘦弱且受傷的小黃狗，走起路來一跛一跛，在山林間跳上跳下，十分辛苦。家兄為牠安置棲身的小窩，每天從大老遠的地方攜帶佳餚上山進貢，讓牠得以溫飽。在悉心的照料下，小黃已經和我們建立了家人般的情感。每次回到山腳下，就看到牠從山上搖搖晃晃地直衝而來，搖頭擺尾地流露出欣喜與歡迎的神情，圍繞在我們身邊不停地舔著，也不時調皮地像嬰兒般發出引人注意的親暱聲音。小黃是隻母狗，不多久，又來了隻黑狗，鄉下的觀念裡，總認為狗兒會帶來福氣，所以，我們就把牠取名「來福」。這兩隻狗兒成為老家孤寂山林的守護者，牠們一起嬉戲、相互爭食，組成了溫馨的小家庭。

很快地，小黃大腹便便，產下五隻小狗。小女及姪女們看到小生命的誕生，充滿了無限地好奇與驚喜，摸摸小狗柔軟、蠕動的身軀，伸手想抱卻又怕把牠弄傷的模樣，流露著孩子純真善良的內心世界。五張小嘴在狗媽媽的乳頭間快速地滑動競食，原本瘦弱的小黃，一點也不馬虎，躺在那兒餵食著母奶，任那小狗兒吸吮。偶爾也會慈祥的舔著小狗的身體，幫牠梳理一番；如果有那隻小狗外出迷路發出求救的叫聲，小黃會趕緊循聲帶回。小狗日益壯碩，開始加入奔馳的行列，一起在地上打滾，好奇地四處探索，跟隨著母狗，學會親暱的圍繞在主人身邊，也知道對不同的人發出不同的叫聲、表現不同的動作，充分顯示狗兒在遊戲中學習的本能。那種熱鬧、活潑的畫面，可以感受到小狗們無憂無慮地快樂逍遙。牠們要的不多，我們付出的也極微薄有限，卻能帶給彼此一家人的溫馨感覺，這或許就是人與狗兒間相互感應與相互珍惜所創造出來的至情，也是文明社會所逐漸流失的價值。面對如此純真的畫面，常使自己頓時放下都市繁雜的枷鎖，享受那片刻的寧靜，默然發現其實自己要的也不多，何以在滾滾紅塵中流逝了最珍貴的簡單良善之美？

有日家兄發現小黃幾天未歸，便循著小黃平日嬉戲、奔馳、探索的路徑找尋，終於在田埂邊的水溝旁，發現牠已鞠躬盡瘁。看它瘦不成形的身軀，是否連回家的力氣都已用盡？或不忍讓牠可愛的孩子目睹世間死別的傷感？小黃不知從那兒悄悄地來，又默默地離去，留給我們五隻可愛的小狗，繼續傳播著那份一家人的真情；而牠那忠心、知足、貼心與善盡母職的情操，讓我們感佩與不捨，更成為啟迪人生的生活教材。家兄替牠安葬後，小狗們則常到土堆旁趴坐或不時地默默圍繞，從牠們的眼神與嗚嗚的叫聲，真不知牠們心裡想的是什麼？但似乎可以感受到它們正傳遞著一股哀傷、不捨與無奈的氣息。狗兒，從過去到現在，經過多少社會的變遷，經過多少文明的洗禮，牠依舊保有那份最原始、最讓人稱道的忠誠與純真，這樣一代傳著一代，牠與眾不同、獨一無二的特色與價值。而號稱萬物主宰的人類，在社會變遷洪流中，我們又保有些什麼值得品味與分享的本性？

現代家庭與父母的迷失
——自以爲是地給予而不懂得教導

回想在農業社會，一方面是多人多福氣的大家庭觀念，一方面是勞力的需求，只要是能生的婦女，無不盡可能的增產報家、報國，於是為數可觀的孩子，成為農業家庭的一大特色。孩子們按照長幼順序，一個帶一個的相互提攜與成長的輪替過程，不也流露著人類傳承、傳情與傳愛的溫馨？這樣的生活環境，不也讓孩子在無形中學得照顧弱小、關懷別人的良好習慣與品格嗎？這樣的學習，不就是我們一再強調的耳濡目染、自然且生活化的薰陶嗎？

現代父母，孩子生的愈來愈少，孩子自然成為父母心中唯一的一塊寶。為了讓這塊寶能發光發亮、能出人頭地，父母常自以為是地提供孩子最好的穿著、最可口的食物、最多元的學習管道，結果呢？孩子開始比較名牌的服飾與鞋子，計較價格的高低，而不是合不合身分或美不美觀；孩子的體態一個比一個驚人，對自己失去了信心，弄得父母、政府不得不想盡辦法幫孩子減重，製造多少無謂的負擔；孩子背著沈重的書包，每天課後不停地趕場，學習本來是件讓人快樂、分享的過程，但眾多額外的灌輸中卻成為孩子的夢魘。

父母花大筆的鈔票幫孩子補習，但面對路邊三餐不繼的乞丐卻吝於給予關愛的眼神，甭說投個五塊、十塊；父母對孩子的成績分分必爭，但影響孩子人格發展的生活紀律與規範，卻視若無睹，得過且過；父母寧可把全部時間與精力投入在工作、賺錢，卻不願意留一點時間聽聽孩子的心聲、幫孩子準備個愛心便當；過去孩子必備的灑掃、應對進退的能力，現代父母卻不當一回事，無法耐心地教導；父母提供充分的物質，但孩子的精神卻日益萎靡；父母愈想抓住孩子、拉近彼此的距離，孩子卻逃得愈遠；家裡空間愈來愈寬敞，但住的人卻愈來愈少，心靈也愈來愈空虛；雙薪家庭愈來愈多，離婚率卻愈來愈高；家裡的裝潢金碧輝煌，但住的卻是破碎的家庭，也難掩幾許的落寞與無奈；父母願意為孩子付出一切，做一個現代的「孝子」，卻沒有更多的心思關懷家中的老人。面對一層層的弔詭，現代的父母、現代的家庭，究應如何省思？如何再造？

現代學校的困惑
——多元衝擊中失去教育的本質

農業社會的學校，設備簡陋，大班教學，但老師看重這份天職，教得不亦樂乎；孩子珍惜上學的機會，覺得津津有味，學到做人做事的基本能力與品德。現代的學校，有一流的設備，卻引不起孩子的興趣；有一流的師資，卻失去那份熱情與投入，不易展現敬業的態度。教育愈來愈普及，但道德卻愈來愈頹喪；很多孩子會因為小企鵝的死而傷心難過，卻不會為了路上流浪老人被凍死而哀憐；多少孩子花錢留戀網咖，當作理所當然，卻不願在便利商店的捐獻箱投下一毛錢，去幫助別人。學校教的知識愈來愈豐富，孩子的見識卻愈來愈狹窄；學習的教材愈來愈多元，核心的價值卻愈來愈少；文憑愈來愈多，學歷愈來愈高，但孩子的判斷能力卻愈來愈差。

教師在職進修愈來愈多元，但卻覺得愈來愈單調，愈來愈用不上；老師專業性愈來愈高，熱情卻愈來愈少；教師及家長參與管道愈來愈多，但與學校對立卻也愈來愈普遍。教材愈來愈簡化、淺化，考試卻愈來愈複雜、繁瑣；課程自主性愈來愈高，老師卻愈來愈迷惘；教科書愈來愈開放，書包卻愈來愈笨重，家長負擔也愈來愈吃重，轉學也愈來愈困難；評量愈來愈彈性，補習風卻愈來愈盛行；性教育愈來愈普及，但一夜情、性氾濫、墮胎少女卻也愈來愈多、愈來愈惡化。

政府及民間對教育的關心愈來愈多，學校受到的干擾也愈來愈嚴重；社會對教育的期望愈來愈高，學校的壓力就愈來愈大。老師教的愈來愈多，孩子學到的卻愈來愈少；老師說的愈來愈多，做的卻愈來愈少；孩子的課業成績愈來愈高，創造力卻愈來愈下降；孩子的年齡愈來愈長，信心卻愈來愈低。教育改革的口號愈來愈響亮，學校親師生的關係卻愈來愈緊張；學校愈來愈開放，孩子的心裡卻愈來愈緊縮。學校是好玩、學習的地方，但孩子想到學校卻有一股的無奈與恐懼；孩子是純真、可愛的小天使，但老師想到所教的孩子，卻沒有一份喜悅和感動。以上種種的困惑與矛盾，學校又需如何面對與因應？才能找回教育的原貌與價值，讓教者盡心、學者安心、觀者放心。

現代社會的矛盾——紛亂中失去主流價值

科技愈來愈昌明，人被物化的程度卻愈來愈嚴重；樓房愈來愈高，人與人之間的互動情緒卻愈來愈暴躁；馬路愈來愈寬廣，彼此的胸襟卻愈來愈狹窄；交通愈來愈方便，生命的安全性卻愈來愈受威脅；物質愈來愈享受，生活的樂趣卻愈來愈貧乏；消費能力愈來愈高，生命價值卻愈來愈低。醫學愈來愈進步，病人卻愈來愈無奈；視訊愈來愈方便，人們的溝通卻愈來愈少。電視節目愈來愈多，但打開電視不是批鬥就是謾罵，品質愈來愈差；收視率愈來愈高，荒謬怪誕也愈來愈頻繁。出版品愈來愈多，孩子讀的書卻愈來愈少；電腦愈來愈方便，孩子睡眠時間卻愈來愈少；資訊愈來愈發達，網咖裡卻有更多迷失的孩子荒廢學業；孩子可以快速的趕上時代潮流，卻無法耐心地觀察等待。許多人把感情當兒戲，好就在一起，沒感覺就結束，永遠在等那等不到的人，卻不知珍惜身邊等自己的人；對自己的朋友比家人好，對自己的同事（同學），凡事忍耐、配合，卻不給家人一點好臉色；無助孤單的時候，希望依靠朋友，飛黃騰達時，卻再也不理會和你共患難的人。

科技的進步，可以讓我們自主地來回於外太空，但卻不易主動地跨越心理的距離，關懷周遭的鄰居；人類已經征服遙遠的外太空，卻對近在咫尺的內心世界依然無法有效掌握。人們的身高愈來愈高，體能卻愈來愈差；書讀的愈來愈多，偏見卻愈來愈牢不可破。媒體愈來愈普及，但翻開報紙上不是打就是殺；頭版新聞愈來愈醒目，卻像是一篇篇駭人聽聞的訃文。社會愈來愈開放，防弊的措施也愈來愈繁瑣、弊案也愈來愈多；環保愈來愈受重視，垃圾卻愈來愈多。在生活中，我們談論的太多，卻行動的太少；口水戰愈來愈多，溫馨的話語卻愈來愈少。我們太常看到別人的缺點，卻很少欣賞別人的優點；我們懷著太多的恨意，卻愈來愈不容易真心相愛；批評挑剔的聲音愈來愈大，包容寬恕的慈悲卻愈來愈稀少。我們的教育程度愈來愈高，求神問卜的迷信風氣卻愈來愈盛行；孩子得到的、擁有的愈來愈多，珍惜的、感恩的想法卻愈來愈少。來往的行人愈來愈頻繁，點頭打招呼的人卻愈來愈少；公園運動的老人愈來愈多，操場奔馳的孩子卻愈來愈少；聊天的話題愈來愈多，真誠的關心卻愈來愈少。休閒愈來愈受重視，青少年飆車卻愈來愈嚴重；國民所得愈來愈高，貧富差距卻愈來愈懸殊。百貨公司的產品愈來愈新奇，我們的慾望卻愈來愈不容易滿足。我們愈來愈懂得謀生，但卻愈來愈不懂得生活，讓生活失去應有的品味。醫藥的進步為生命增加年歲，我們卻沒有多加把勁豐富生命的意涵；享樂的人愈來愈多，知足的人卻愈來愈少。外在空間愈來愈開放，內心的城牆卻愈來愈高；自私自利所造成人際間的冷漠，讓台灣小島倍覺無限的空曠。每個人口中都談論是非，但社會卻難有是非；我們拼命的倡導民主法治，街頭卻有無視法紀的暴徒橫行。我們都抱怨社會病了，是社會真的病了，還是無知的眾生病而不自知？

過去，政府主導一切的改革與進步，民眾期待的是大有為的政府，但潮流變了，時代更替了，政府也跟著喊出小而美的廉能政府。為了創新與進步，我們有許多偉大的計畫，但完成的卻屈指可數；政府拼命的提倡發掘人才，卻不知人才在何方；一再強調培育人才，卻常把人才視如敝屣；再三主張唯才是用，卻需有層層關係做後盾；一再的保證創造安定社會，卻有種種台面下的變革，讓民眾有不確定的擔憂；呼籲民眾要耐心等待、相信政府，但數字不斷地顯示經濟的惡化，讓民眾不知該相信什麼；希望帶給大眾無限的希望，隨之而來的卻是無限的失落；國會議事殿堂本是民主的象徵，卻淪為少數政客獻曝的舞台，政府一批批的菁英，枯坐在國會冷板凳上，無奈的讓時間耗去；政府透過各種管道聽取民意，卻常聽不進小小公務員的忠言；政府竭心盡力希望提升效能，卻不知如何反躬自省。我們抱怨政府無能，是政府真的無能，還是選民的無知製造了無能？

在弔詭中自處之道——敞開胸襟坦然面對

這是一個矛盾、弔詭的時代，有些事努力後會有好的結果，生命會燃起一份喜悅與衝勁；有些事即使再怎麼努力，也可能白忙一場、落人口實，而掀起一份茫然與無奈。人的情緒都可能受到內外在的影響而起落，何況是我們身處的大社會？西藏的精神領袖達賴喇嘛勉勵我們：「能解決的問題不用擔心，不能解決的問題擔心也沒用。」生命的列車一旦出發，就不會停下，面對種種的弔詭，我們必須試著學習、體會事情不見得永遠表裡如一，活著的第一條規則就是「永遠不能回頭」，不能永遠為了過去而難過。許多事情過去了，也許還有辦法回頭，但是生命一旦過去了，就永遠無法回頭了！作家劉墉所寫的一本書《把握我們有限的今生》，提醒我們即時行動去完成我們的夢想！只要是讓自己快樂、讓生命有意義、有價值的事，都值得我們付出關懷。

九十一年九月五日辛樂克颱風來襲，在媒體大肆渲染下，每個人都嚴陣以待。一早搭車上班，正是大雨滂沱，下了車，撐著傘衝過馬路，到了騎樓下，看到一位高中女同學，在那兒避雨，是颱風天忘記帶雨具？還是不信颱風真的會來？反正我已到辦公室樓下，看她無奈的樣子，乾脆把傘送給她。她看了一下，一把新傘，不好意思地婉謝了，最後她同意讓我送一程。走不到三十公尺，後面跟過來一位上班的小姐，正好到她上班的樓下，客氣地告訴同學：「我已經到了，不需要這把傘，反正這把傘也壞了（骨架斷了幾根，快不成形），你就拿著撐看看吧！」我也幫腔表示，接下來沒關係。這次同學領受了，一副感激的眼神，頻頻道謝。因為颱風，讓我們良善的本性得以流露；因為同學的疏忽，讓我們有機會表達關懷，這是颱風所帶來的溫馨畫面，誰說颱風不好？朱少麟在《傷心咖啡店之歌》一書中提到：「這個社會不缺憂傷，缺乏的是對付憂傷的藝術」，我也深信在生活周遭，我們不缺矛盾，所缺乏的是面對矛盾的能力與藝術。生命是有限的，但只要我們細心品味，生活中的感動不就隨時可得嗎？面對社會的矛盾，改變並不可怕，真正讓我們害怕的是事情一成不變，當一切都一成不變時，生命不就停止了嗎？生命的旅程常變動不羈，只要我們願意，每個變動，不正意味著另一個新的開始嗎？

（本文原刊載於《師友月刊》，民國 91 年 10 月，第 424 期，p.65-69）

憶往

當隨車的護士卸下氧氣罩，我強忍著悲痛，屏氣凝神的注視著，看到先父嘆了最後一口氣，緊閉的雙眼滑下了一滴淚珠，這是我第一次看到先父掉淚，也是最後一次。誰說英雄有淚不輕彈，只是未到傷心處！

國內詩人余光中先生在「母難日」這首詩中，寫到：「今生今世，我最忘情的哭聲有兩次，一次在我生命的開始，一次在妳生命的告終，第一次我不會記得是聽妳說的；第二次妳不會曉得，我說也沒用。但兩次哭聲的中間啊，有無窮無盡的笑聲，一遍一遍又一遍，迴盪了整整三十年，妳都曉得我都記得……。」這簡短的詩句，蘊涵著生命成長的起起落落，深切的述說著母親的至愛，也隱含著人生的種種無奈。每回想起，總有許多的慨嘆與惆悵。是的，每個生命的誕生，從哭聲開啟，這麼重要的一刻，我們不會知道，在記憶中只留下空白。藉由歲月的更替，我們不但身體成長，心智也逐漸發展，一路走來，經歷多少的考驗、磨練，看過多少的悲歡離合，但也總能在跌跌撞撞中茁壯。

人生的第一次記憶

在人生的歷程中，不管是坎坷難忍或榮華富貴，有多少人曾經停下腳步想想：人生第一次的記憶是什麼？曾留下什麼樣的印象？如果能時空倒回，會用什麼樣的心情與態度來面對？我從小在偏僻的農村長大，在有生的第一次記憶中，大約是三歲的那一年，看到家母哭坐在床前凹凸不平的地上，在一小塊的草席上，躺著一個小嬰兒。小小年紀的我，心中有莫名的疑惑與好奇，想靠近一點觀望，卻被周遭的大人們趕走，只好跑到屋外的庭院，跟鄰居的孩子們任意的追逐。在小小的心靈中，我不知道發生了什麼事？但可以依稀感受到家母的傷痛及現場哀傷、嚴肅的氣氛。我沒能說什麼，也不知該說什麼，只是傻不愣登地探頭探腦，在那稚嫩的年齡，留下人生第一次的記憶。隔沒幾天，從孩子群的傳言中知道，有一個十個月大的弟弟過世了。聽了，不知道問原因，也不知害怕，在那窮困的農村，沒有任何的哀悼儀式。只聽說先父把那可憐的孩子放進裝秧苗的畚箕中，拿到住家後面山坡的叢林中，吊在樹上。孩子們好奇地成群結隊壯膽往叢林間尋找，大家拼命的往樹上仰望，但總是敗興而歸。人生的第一次記憶，竟是如此的悲慘與傷感！

事後，逐漸長大，才從家母的感嘆中知道事情的原委。原來那位無緣的弟弟，在十個月大的時候，在一個大熱天，先父從農田中噴灑農藥返家打著赤膊躺在床上休息，無知的孩子，可能是肚子餓了，竟爬過去舔先父的肚子。不一會兒，孩子出現呆滯的異狀，也無法進食。家母急忙中，抱著孩子翻山越嶺衝到一個多小時路程遠的診所，打了一針，就再也沒有生命的跡象！小時候，家母常怨嘆地提到那無辜的弟弟，長得白白胖胖，是那麼的可愛，家母總是嘆息我們沒有福份得到這個孩子，那種喪子之悲痛情結，在我幼稚的心靈烙下刻痕！窮困的鄉村，遇到這樣的事情，多會去求神問卜，母親也藉由「問神」的儀式，得知離家不遠的另一個村落，在小弟過世時，正好也生了個小男孩，家母常會自我安慰的告訴我，我那小弟已經投胎轉世到有錢人的家庭，甚至幾年後，在路上遇到那位小孩跟在他母親身邊時，家母還會用關愛的眼神多看兩眼。那時，我無法完全體會家母的心境，如今回想，自己是多麼的懞懂無知，連一句安慰的話語或肢體的關懷也不曾表達。家母默默的忍受著如此巨大的打擊，在那三餐都快不繼的年代，又有誰會有多餘的心思稍加安撫；在那大家幾乎目不識丁的村落，除了一句「人死不能復生」，又有誰能善用關懷的語言，安頓失落的心靈。此刻回想，依稀感受著家母落寞的神情與無奈，我們子女卻也只能無知的靠在身旁，傾聽著一位母親傷痛的傾訴，這樣的訴說，不也是悲傷治療的有效方法之一嗎？

家母還告訴我，當小弟被大夫打一針即過世後，驚動派出所的警察進行調查，警察先生問先父小孩是真的農藥中毒，還是被大夫打針傷害致死，家母說先父在警察再三的詢問中，仍堅稱孩子是因中毒而死，才免了那位大夫的麻煩，這就是先父，憨厚耿直的個性，從不佔人家便宜，從不冤枉人家，從不害人。如果時空轉移，在當前的社會，發生類似的情形，可能會引發相當多的爭議，這是人類文明的進步抑或文明的乖離？

▌夢想起飛——迎接人生的新旅程

小時候沒有念幼稚園，常從兄姊們的口中得知，上學是很有趣的事情，父母也常把我們的希望寄託在未來的學校教育，當我們突發奇想，胡亂問一些莫名奇妙的問題時，父母也總會告訴我們，等我們上學時，學校老師會教我們。在那似懂非懂的年紀，已經把上學當作是神聖的大事，期待著那一天的早日來臨。上學的第一天，一大早就起來，口中嚷著要上學，家母幫我穿上新的制服，還特別叮嚀要刷牙。那時，全家只有一條洗臉的毛巾，已經破得不能再破；只有一支牙刷，用到整個刷毛都變形，比起現在丟棄用來擦拭皮鞋的牙刷還不如，但仍捨不得丟掉。我猜想，可能是因為要用粗鹽刷牙，不是很舒服，所以，小時並未常刷牙。

跟著一大群鄰居的堂兄姊們長途跋涉，一個多小時的路程，在邊走邊玩中不知不覺的就到了學校。第一天報到完畢，很快地放學，我和另二位小朋友同路回家，走到離學校不遠的十字路口，由於之前從未到過學校，我頓時迷糊了，不知回家的路是向左還是向右，當我第一次決定向右時，同行的小朋友說可能是向左，三個人就衝過馬路，向左往回家的路上興奮的跳躍邁進。那決定向左或向右時混沌的一幕，偶爾依稀在腦海浮現，仍讓自己心有餘悸！

一年級的老師是年輕的女老師，總覺得她每天都穿新衣服，長得很美。她對我很好，我個子小，每次班上秩序不好，老師叫全班罰站並舉高雙手，偶爾她看到我快忍不住時，便叫我放下雙手，負責看那位同學沒把手舉好。僅僅是那樣的關懷，對我卻受用很大，讓我有被看重的感覺，心裡有說不出的感激。記得在一次考試中，老師發下測驗卷，講解如何作答後，我依舊愣著不知所措，老師巡視到我身旁時，用「竹修子」在我脖子上打了兩下，斥責我，還不快寫，發什麼呆？頓時一肚子的委屈與心酸，只好低下頭握著凸短的鉛筆，故作振筆直書的模樣。那是記憶中第一次被修理，想起來，還真有點不知所以然的無奈，但那時心中只有委屈，卻沒有一絲絲的抱怨或不服，或許這就是那個年代的文化特色！第一學期的最後一天，習慣上，老師會利用這個機會發獎品給前六名的同學，第七名的我卻也意外的得到一頂小帽子，高興極了。回想那頂小帽子，材質實在不怎麼好，戴在頭上，軟軟、垮垮的，一點也不挺，但對一個窮困的孩子，卻是震撼心靈的鼓舞，這恐怕是很多人無法想像的！

不復存在的情景

在戒嚴的時代，三不五時，就會看到沿路行軍的阿兵哥，伴隨著隆隆巨響的戰車，在寧靜的鄉野間成為一大奇觀。小孩們看到全身綠色裝備的阿兵哥，心中存有許多的好奇、神秘與害怕，總是跳到路邊的田埂，躲躲閃閃的目送壯大的軍容前進。長輩們一再的告訴我們，阿兵哥是保衛國家、保護百姓、是好人，但看到他們肩上的槍、頭頂的鋼盔、嚴肅的臉龐，又有多少孩子能不心生畏懼？

在鄉下，能有腳踏車的人，就很神氣。記得，大哥有位同學家裡是做豆腐的，他每天一大早會用腳踏車載著豆腐到市場給小販，他心情好時，會停下來載我和大哥，我坐在座椅前的橫桿上，硬梆梆的，雖然不是很舒服，但快速的從一長串同學前面呼嘯而過，聽到不少同學發出羨慕的叫聲，好不拉風！有一天早上，我們看到一位不知名的大人，騎著腳踏車上班，大家便七嘴八舌的嚷著看誰追得上？大家聽了奮起追趕，那位老兄在孩子們的追逐中，似乎也感受到一種樂趣，露出神氣的模樣，速度忽快忽慢地在吊大家的胃口。年紀稍長的堂兄們，追到腳踏車時，便一手拉住後座，作勢想要跳上去坐的模樣，一路上，就在喘呼呼的嘻笑中到了學校。

升旗後，老師把我叫去，問我上學途中，是否看到高年級的同學在玩腳踏車追逐遊戲？我傻呼呼地把實際的情形一五一十的描述了一遍，還模仿他們拉著後座想跳上車的動作，老師點點頭，暗示我回座位上，我心裡卻不知所以然。當天放學時，才知道有同學將馬路上追逐腳踏車的情形向學校告狀，學校非常關心同學的安全，立即在升旗後透過各種管道展開了解，顯然高年級的同學沒有承認，老師才會想從我的口中得到證實。那時，同學們沒有太多的外在刺激與誘因，生活、言行也非常單純，學校對學生的生活教育與安全更是關注。我心想，類似的情形，如果發生在當前的校園，會引起關注嗎？比起那些飆車、暴力亂象，或許它已根本不足成為一個問題。

能求溫飽再苦也不怕

在我還沒上國小前，每天早餐後，掃地便是我的第一件工作。父母忙著家務，沒有教我如何掃地，只提醒我掃地要有耐心，不要像畫「大字」一樣，三兩下就結束。我自個兒拿著先父用芒草花幹編成的掃帚，像揮擊棒球般，在地面上使勁地揮掃，竟然也掃得乾乾淨淨，左右鄰居的長輩到家裡閒聊時，常會豎起大拇指讚美我，掃地讓我獲得高度的成就感，一直到現在，每週六的擦地板，仍是我最好的運動時間，小時候養成的習慣，依舊受用無窮。

炎炎夏日是農村最忙碌的季節，孩童也免不了加入收割播種的行列。在汗流浹背中，臉部多少有著幾許的無奈，但家母總會適時的鼓勵我們，並分享他成長的種種艱辛。外公有個姊姊，婚後未生孩子，外公曾向其借數百元，後因環境不佳，遲未歸還，便將家母送給她抵債。家母常感嘆，沒有生過孩子的婦女，不知生孩子的痛苦與艱辛，以致無法好好疼惜孩子。家母被外公送給嫁到新竹的姑姑，雖然三餐得以吃飽，但常受虐，因而特別想家，七、八歲時便能偷偷獨自從新竹搭車回家。家母婚後生了六個孩子（包括過世的弟弟），鄉下迷信算命，二姊出生後就不好帶，算命先生說二姊犯「千日關」，最好是送給別人養，家母因過去自己小時被送人養的心酸、痛楚經驗，堅定的告訴自己，寧可餓死，也不要把孩子送人。好不容易把二姊養到三歲，意外的事情發生了。那時五歲的大哥也模仿大人拿著柴刀在木板上砍柴，二姊手拿著樹枝給大哥，竟然被砍斷了小拇指，那正好是二姊出生後的一千天，似乎印證了算命仙的預言，無怪乎鄉野間求神問卜會如此的教人著迷！此外，先父自八歲即失去雙親，先祖父任職石油公司，為大家庭經濟的支柱，過世後經濟陷入困頓，先父也因此在國小二年級便中輟在家，跟著伯父母及堂兄弟們一起生活，每天負責割草、看牛。在那最需要親情呵護的年紀，孤伶伶的與牛為伍，難怪自我懂事以來，即感受到先父沈默、寡言與嚴肅的特質，只知拼命的工作。窮怕了的孩子，有工作就要偷笑，那有抱怨苦不苦的權利！

鄉下的生活，常有村落的阿公、阿婆來往串門子的情景，從他們的談話中得知，先父因為早年失親，又無兄弟姊妹，在家族中孤獨過日，常需等到大家吃飽後，才一個人躲在角落埋首吃剩飯，難得三餐吃飽，現在回想先父個子特別小不是沒有原因。但雖如此，先父卻練就了堅忍的毅力，對農村的粗活也有獨到的本領，每到農忙，大家都爭著請先父幫忙。小時候常看到先父穿著「水褲頭」（用粗布做的大內褲，內外兩用），在山野間、水稻田穿梭，不是沾滿泥巴，就是汗水、稻田的髒水混雜弄得整條水褲頭濕答答。那時，總覺得爸爸何必那麼辛苦，如今想想，曾經在三餐不繼中長大、沒有父母呵護、受盡人生冷暖的孩子，能多爭取一份工作，或許就是生存最大的保障，身體的勞累又算得了什麼？

無盡的淚痕

有一次，先父當建築小工，幫忙挑石頭、沙及水泥，已過夜晚十二點，都不見先父的蹤影，家裡沒有電，也沒有對外聯絡的工具。家母整夜忽而走到戶外觀望，忽而起身坐在床前，那種不確定的焦慮，讓寧靜的夜晚顯得格外的肅穆與淒涼。直到凌晨二點多，好不容易聽到窗外的腳步聲，家母總算放下心頭的重石，向先父詢問怎麼會做到那麼晚？只見先父淡淡的答以：「工地趕進度連續做十八小時，還得繼續趕工。」一早起床又拿起扁擔匆匆出門。家母常以掛慮的神情告訴先父，做不累是不是？也不休息休息！但先父總以那句絕世名言「人做到死就不用做了」來回答。而家母在窮困的環境中，也常勉勵我們「只有病死人，不會做死人」。

老天弄人，在一個陰雨綿綿的日子，一些年輕的工人都不上工，工頭特別情商先父幫忙，那是元旦過後的星期日，我從台北返家，先父午休時返家共度中餐後，又匆匆回工地。但當我回到台北不一會兒，就接到電話，先父從三樓工地推手推車不慎墜落的噩耗，也從電話中知道希望渺茫。急忙趕回，看到先父頭包著白紗布，身上插滿了各種救生器材，醫生搖搖頭，我們決定帶他回家，陪他走完人生的最後一程。當隨車的護士卸下氧氣罩，我強忍著悲痛、屏氣凝神的注視著，看到先父嘆了最後一口氣，緊閉的雙眼滑下了一滴淚珠，這是我第一次看到先父掉淚，也是最後一次。誰說英雄有淚不輕彈，只是未到傷心處！我們無從知道亡者內心的世界，但深信親人連心，先父歷經人生的孤獨、滄桑，這滴淚珠，或許蘊涵多少不捨與無奈？這樣的情景，常縈繞心頭，讓自己一次又一次的陷入惆悵與思念，淚珠也不知不覺間在眼眶滾動，不斷回應著偉大父親的淚痕。

（本文原刊載於《師友月刊》，民國91年8月，第422期，p.89-92）

品味生活的甘與苦

作者父親扛木材燒木炭的情景

這一路走來，雖然沒有太多外在的支援，但自幼養成克勤克儉之生活習慣及與人為善之待人處事的準則，也讓自己在波波折折中，遇到許多貴人而能不斷的成長。要感謝的人很多，但父母所賜予的影響最為深遠，而自幼接受大自然的洗禮，對人生也有諸多的感悟。這一切的種種，在當時的感受可能有些心酸，但如今回想，它確是影響我一輩子最為重要的關鍵時刻。

黃澄澄芭樂之憶往

日前，內人利用星期天到市場買菜，帶回幾粒成熟的黃芭樂，乍看之下，一份親切與疼惜的衝動湧上心頭。腦海中隨即出現一棵棵結滿芭樂的芭樂樹，好像又回到童年農村的情景。

自幼生長在純樸的農村，那時的農村生活極為簡陋，房子是用泥土混合稻草做成之土磚塊堆砌而成，在風吹雨打的侵蝕中，磚塊接縫間出現若干的縫隙，成為蟾蜍、老鼠及小昆蟲的通道。晚上點的煤油燈，隨風搖曳，頗有幾分淒涼的感覺，記得曾經有位親戚帶著念國小的孩子從都市來訪，當晚，煤油燈展現的舞姿，引起那位新鮮人的好奇，隨即用手一抓，可想那慘叫聲，穿越磚牆縫隙，驚動了房屋四周的竹林，令人好不心疼。而睡的是一塊一塊木板拼成的木板床，夏天極為涼爽，而冬天為了防寒，則在草蓆下鋪上稻草，嘶嘶沙沙的聲音，隨著身體的翻轉而此起彼落。

房屋四面環山，山林田野就是我們生活、玩耍的最佳舞台。尤其，每到夏天，山林間或小徑旁野生的芭樂樹，果實纍纍，唾手可得。但因為數量太多，芭樂常因過熟而掉滿地上，一股芭樂的氣味，在山林間打轉。曾經在一次芭樂遊戲大戰中，不小心將成熟的芭樂，丟進豬舍，可愛的小豬不知是否飢不擇食，竟然爭相吃起來。就這樣，替芭樂找到了最大的銷路，也為自己增加一份額外的功課——撿拾成熟的芭樂給豬吃。之後，我們這群天真的孩子，又嘗試將成熟的芭樂切成一片片曬乾，成為招待客人的另類名茶——芭樂茶。回想兒時，滿山滿野黃澄澄的芭樂，多得讓人不曾想要珍惜。如今，生活在都市，那種芭樂樹上果實纍纍的壯觀景象，似乎與現代的生活相去甚遠，只有靠腦海的漣漪才得以喚回一二，因此內人帶回的「土芭樂」變得如此稀奇與親切，實有其個中原委。

樂天與知命——在大自然中盡其在我

在七〇年代前，台灣的工業尚未開發，農村的生活幾乎全靠每年兩季稻米的收成，而經濟的來源則僅靠零星的農產品。小時候，可能是雨傘、雨衣未普遍使用，每到下雨天，就只有一塊澄黃色的雨衣布，得以裹住身體，因此經常淋得像落湯雞。而在記憶中一直無法磨滅的是，一旦下起大雨，父母便需拿起鋤頭往稻田直奔，將稻田旁的小圳挖個缺口，好讓過多的積水流去，以免淹沒稻田，帶來大量的淤泥。尤其在下大雨的夜晚，聽到父親起床的聲音，就知道他又要冒著大雨、黑夜，去巡視那辛勤耕種的田地；家母也不安的起身坐在床前等待著先父平安的回來，而我自幼常陪伴家母身旁，常聽告誡，心中要多念「觀世音菩薩」、「阿彌陀佛」，才能保平安。因此，心中的念佛聲夾雜著外頭的雷聲、雨聲，直到父親返回脫下蓑衣，我才能安心的入睡。而每當看到稻田中央一堆堆隆起的淤泥，就知道老天爺已經為我安排最好的暑假功課，就是要效法愚公移山的精神，清除那些土堆。但不管老天爺是用長久不下雨的乾旱或是傾盆大雨的水災，來折磨純樸的農村，似乎未曾聽到父母的半句怨言，反而常提醒我們「有事做，總比沒事做要好；人不會做死，只會病死。」那種默默承擔及對大自然認命的體悟，正也是過去農業社會安貧樂道的最大關鍵要素。

小時，農家的生活非常簡單，應該說是簡陋。日常生活用品，除醬油、鹽巴等無法自製之外，其他諸如掃把、畚斗、蒸籠等等，幾乎全靠父親巧手完成。上學時，沒錢買小刀，鉛筆心斷了或寫鈍了，就得麻煩父親用砍柴的大刀，小心翼翼地削那細小的筆心，看著父親專注的神情，惟恐因用力不當而將鉛筆一刀兩斷。那時，衛生紙在農村還不是普遍使用，說得貼切一點，應該是沒有額外的錢買衛生紙，如果有買，也是留給到訪的親戚使用。每當老師要檢查手帕、衛生紙時，總是不安的將手帕放在桌面上，而用來應付檢查的一張衛生紙，每次在書包中拿進拿出，必須特別小心，以免弄破了。我想，老師大概也了解那時農村生活的窘境，對於衛生紙的檢查就沒有特別嚴格。雖然沒有衛生紙，但大自然中的樹葉及長輩們做畚箕後留下的竹片，就理所當然的成為日常生活的必需品。現在想起當時的情境，心頭仍暗自湧起陣陣的甜蜜與遐思！

家中豬舍養著兩頭豬，是我們孩子註冊時的經濟來源。但因山上種的甘薯，常因雨水不足而收成不好。所以，每到星期假日，必須背著布袋在山林間穿梭，採擷桑葉或一種含有乳汁的葉子，以供豬吃。家母照顧這兩頭豬非常的費神，每天一大早便煮了一大桶的甘薯，做為豬隻一天的糧食，而我們孩子在飢腸轆轆時，便會在甘薯桶中和豬隻搶食可口的甘薯，那種甘之如飴的滿足感，總覺得自己就是全天下最幸福的孩子！此外，為供應煮食生活三餐所需之木材，假日時，也會三五成群到樹林間，撿拾掉落下的樹枝，如果發現樹枝已枯乾，但卻未掉落，就得使勁往樹上爬，然後緊抱樹幹，用腳將樹枝踹下。有時，秋天樹葉凋零，難以分辨那些是枯乾的樹枝，往往費盡力氣，仍一無所獲。但也練就了攀爬的功夫與腳勁，這或許是大自然對農家孩子的特別眷顧與考驗，也是現代孩子成長過程中最欠缺的一部分。

先父自幼即成孤兒，幸賴家族長輩收容照顧。在橫逆的環境中，先父對農事的工夫與熟練，超過常人。除了務農之外，先父還夥同鄰居三五人，從事燒木炭的工作。從樹木的砍伐、築窯、燒窯，到開窯取出木炭，一連串粗重的工作，讓先父的雙手長滿了厚厚的繭，但從黝黑的臉龐，可以感受他到心中的知足與自在。炭窯起火後，必須連續燒七天左右的時間，才能將木材燻成木炭。為讓先父有一點喘氣的機會，我們子女會利用放學後前往幫忙，晚上就睡在炭窯的旁邊，在荒郊野外、四周漆黑的夜晚，沒有門也沒有床，只有布袋鋪在地上。起初，內心會有一股毛毛的恐懼，但看到父親的辛勞，實在於心不忍，告訴自己要勇敢一點，就這樣，一顆稚嫩的心，慢慢的增添了勇氣與毅力。尤其，在夏天的夜晚，躺在地上，仰望天上閃爍的星星，還別有一番滋味。農村的孩子，在大自然的考驗中，對父母養育的辛勞及生命的成長，似乎更多了幾許的體驗與感動！

自助與人助——在困境中互助合作

每逢收成季節，必須結合許多的人力，才能在最短的時間內，將成熟的農作物採收。但因考慮經費問題，無法邀請外人幫忙，於是，左鄰右舍有志一同，便以互助合作的方式完成艱鉅的任務。對農村的孩子來說，採茶季節的到來，就必須背起「茶籠」，在一株株的茶樹間，努力的用大拇指和食指折取嫩綠的茶心。一到假日，成群的婦女和嬉戲的孩童彎腰低頭的在翠綠的茶山上，遠遠望去，一幅美妙動人的畫面映入眼簾。但偶有幾聲的慘叫聲，劃破了寧靜的氣氛，原來在茶樹下的蜂窩，已對採茶的人們展開攻擊；另外，也有一種可能，就是附著在茶葉上的毛毛蟲，趁人不備時，讓人全身發癢。這些採茶時可能遇到的蟲害，常讓採茶婦女心有餘悸！

一般來說最忙碌的時刻，應是夏天稻子收割的季節。大人、小孩忙進忙出，一家換過一家。小時，個子雖小，但還是要抱著一把把的稻子，拿給大人放進打穀機裡。由於不斷地穿梭在稻田間，全身都濺滿了泥巴，儼然就像個小泥人。幾天下來，可說筋疲力盡，趁著吃點心的休息片刻，躺在稻草堆上，聞著稻草的特殊味道，一股如釋重負的感覺油然而生，對於爬在身上的小昆蟲，似乎也毫不在意。鄉下的農村，地廣人稀，但在彼此相互幫忙的過程中，每家每戶的概況都能了解一二，即使有偶發事件，也都能發揮患難與共的情誼，及時伸出援手。這些人類最珍貴的互助美德，在現代的文明社會中，似乎愈來愈不受到重視，也愈來愈不容易培養！

感恩與傳情——在日常生活中尊長惜幼

倫理觀念在農村極受重視。小時候除非有特別節日，否則很難得吃到肉類的食物，平常豬油拌飯，就已覺得津津有味。但只要有加菜的時候，諸如農忙的請客、冬至的燉補等等，家母一定會先挑選可口的食物要我端給住在隔壁的伯祖父、伯祖母等長輩先食，而如果有鄰居的長輩前來閒聊，一樣會受到如此的禮遇。平常晚餐吃飯時，一定要等外出工作的父親回家，才一起吃飯。先父是位非常勤儉且善良的農人，每當外出砍伐樹木、燒木炭時，家母會準備便當。腦海中，那時帶便當最好的菜，就是一個鹹蛋或是蘿蔔絲炒蛋，但先父經常會留一半的鹹蛋，給我們孩子當晚餐；如果有豬肉，則會將肥肉部分吃完，留下瘦肉給我們吃。先父不識字，只會用阿拉伯數字記錄工作日數，所以，對子女的教育，沒有太多的言教，但以上這些點點滴滴的付出與關愛，就是最好的身教與親情，要想不被感動，要想不努力學好都難。

好東西先給長輩享用，是家母一貫的風格；對年幼的孩子，家母也給予特別的關照。在那時，只要發生爭執，年長的兄姊會受到更多的責難，而我年紀小，個子也小，得到兄姊的關愛與協助，自然也特別多。在耳濡目染中，我們學到尊敬長輩、照顧幼小的觀念，因此，左鄰右舍的長輩們對家母的待人處事有極高的評價。每當鄰居的老婆婆向家母訴說媳婦的不孝時，家母總是耐心的好言安慰；而鄰居的媳婦告狀婆婆的專制時，家母也耐心的聆聽並苦口婆心的勸以「家和萬事興」。依偎在身邊的我，常感受到家母的熱忱及樂於助人的慈悲心腸，也體會到幫助別人的喜悅。這是一位不識字的母親給我的最好的典範。今天，如果我有一點點好的德行，都要感謝先父及家母默默的身教！

人生甘苦一念間

英國國家廣播公司的節目裡曾有一句很堪玩味的話，是：「貧窮不是窮人造成的，貧窮是金融體制造成的。」而星雲大師亦曾說：「貧富是以人心索求或施捨作為分界點。」由此，我更認為貧窮是個人意念所造成。只要有心，外在的貧窮將不影響內心世界的富有。我從小雖生長在清寒的農家，但有辛勤耕種、木訥寡言的嚴父身教；有熱忱慈悲、常與人為善的慈母化育，在年幼的心靈，總認為自己是最幸福的寵兒。這一路走來，雖然沒有太多外在的支援，但自幼養成克勤克儉之生活習慣及與人為善之待人處事的準則，也讓自己在波波折折中，遇到許多的貴人而能不斷的成長。要感謝的人很多，但父母所賜予的影響最為深遠，而自幼接受大自然的洗禮，對人生也有諸多的感悟。這一切的種種，在當時的感受，可能有些心酸，但如今回想，它確是影響我一輩子最為重要的關鍵時刻。在面對現代社會種種的問題時，我常藉由對過去生活的不斷省思，惕勵自己要效法先父挑戰客觀環境的毅力與勇氣，更要遵循家母熱心助人的慈悲胸懷。

在《與成功有約》這本書中，作者特別寫到：「客觀條件受制於人並不足懼，重要的是我們擁有選擇的自由，可以對現實環境積極回應，為生命負責，為自己創造有利的機會，作一個真正操之在我的人。」所有的教育工作者，在面對環境急遽變遷及價值多元的社會中，是否也應不斷省思，我們還擁有最珍貴的「自由」，只要我們願意面對問題，就有可能找到方法，超越困境。這是一種成長，也是一種挑戰，可能會有一點點的苦，但對一個人的生命會有重大的啟迪。同樣的，面對孩子的偏差行為或學習障礙時，我們是否也應深切省思真正的問題在那裡？有些孩子只是比別人慢一點開竅，如果老師沒有掌握問題的核心，可能因而誤了孩子一生。教育像釀酒，需要耐心的等待；也要像點燈，引導孩子一個努力的方向。正當社會上高倡「不要讓孩子輸在起跑點上」時，每個孩子為了學電腦、舞蹈、音樂、心算等各種才藝，承受了莫名的壓力。如果以我一個文化不利兒童的成長經驗，起跑點的觀念似乎沒有那麼重要。因為在人生的跑道上，有許多的橫逆、障礙，要我們勇敢去面對與克服，只有不斷的自我超越，才能贏在人生的終點。

證嚴法師說：「我們想要的太多，需要的不多。」想要的太多，就會造成貪得無饜，變成物質的奴隸，掉進痛苦的深淵，這是自我束縛的疾苦。而如果經常反省「我擁有的已經很多」，當能珍惜一切甚至奉獻所有，自能在知足中，保有一份人生的自在。身為教育工作者，如能用溫柔的耐心和多元的方法，誘導孩子的潛能，或能成為將工作與快樂結合的幸運兒。傑克遜・布朗說：「生命不要求我們成為最好的，只要求我們作最大的努力。」期望所有教育工作者藉由不斷的反省，體會生命的甘與苦，讓自己的生命發光發亮。

（本文原刊載於《師友月刊》，民國89年10月，第400期，p.58-61）

讓生活更有人味

一個人可能會有很多的頭銜，但重要的不是他所占的位置，而是他所展現的態度、熱忱。位置不是永久的，但一個人的態度、熱忱與方向，將會影響他的一生。

買米酒的哲學

米酒，這個台灣特有的產品，對一般人而言，頂多是眾多酒類中的一個名詞罷了！但對浸淫酒池肉林的豪客或是常需以米酒調味的家庭主婦，它卻是日常生活中不可或缺的必需品。前一陣子，公賣局為因應我國即將加入世界經貿組織後可能衍生之若干問題，特調整米酒的生產、包裝及相關販售制度，致使市面上突然出現一瓶難求的搶購風潮。而內人為了增加或去除某些食物的風味，也特地到樓下的雜貨店買米酒，雜貨店的老闆問她：「以前是否到此買過？要攜帶蓋有本雜貨店特殊記號的空瓶才能買新酒。」於是內人只得悻悻然空手而回。我略帶疑惑的語氣問她：「真的要用舊瓶才能買到米酒嗎？」看她無奈的眼神，突然使我想起，以前小時候住鄉下時，不也曾經發生搶購衛生紙，甚至鹽巴的情形，但卻發現有些長輩就是有辦法比別人買得更多。那時，覺得很不可思議，但長大經過社會的洗鍊，我了解到這是怎麼一回事。於是，自告奮勇的告訴內人，我去買看看，她半信半疑的說：「你比較有魅力嗎？」不到幾分鐘，我得意的拿著一瓶米酒回來，她驚訝中略帶崇拜的神情，好像我做了一件偉大的事情。

其實，我一點也不覺得有什麼稀奇，因為，雜貨店的老闆是一對平實、厚道的老夫妻，就像鄉下的長輩一樣，如果能主動跟他問候打招呼，他也會親切的回應你。平常上下班，路過雜貨店，只要看到老闆在店裡頭，我都會大聲的問個「你好」，久而久之，和老闆之間已建立了「道早」、「道好」的默契與習慣，也因而發展成好鄰居的關係。所以，當我跟他說要買米酒時，他沒有任何的猶豫，就趕緊拿一瓶給我。沒想到平常的「多嘴」，卻在這個時候發揮了最大的功效。記得小時候，所有左鄰右舍，甚至是其他村子的人，只要路上相遇，都會親切的點個頭、問個好。一次、二次之後，慢慢的就會知道對方的姓名及家庭背景，讓彼此成為生活圈的一分子。這些生活上的基本禮儀，對於一個人的人格發展有著潛在的影響。因此，物質富裕、熙熙攘攘的社會中，如何藉由人際的關懷，縮短彼此的疏離，實在是很重要的課題。日前，陪同內人及小女外出散步，當我大聲的跟老闆打招呼，小女竟然問到：「為何爸爸要和老闆打招呼？」內人半開玩笑地告以：「這是爸爸的好習慣，也是爸爸買到米酒的秘方。」真的，這樣簡單的生活習慣，是我在鄉下時所養成的。但對生活在都市的孩子，真不知道他們有多少的機會可以學到人類這最珍貴的資產？而現代的父母、老師是否依舊把這人際間應有的應對，視為重要的生活能力？

毅力的泉源——惟「吃苦」而已

環境不富裕的年代，日常生活用品顯得極為簡陋與克難。小孩們的穿著也是簡單的不能再省了，哥哥姊姊穿過的衣服一定要好好保存，留給弟妹們繼續穿，舊衣上一塊塊縫補過的痕跡，隱藏了慈母多少的血汗與辛勞，也讓小孩們感受到一份傳承與惜福的真情。那時，能穿得暖就已心滿意足，那敢奢望漂亮的新衣。在父母辛勞的養育中，物質的匱乏並沒有讓我們受挫，更沒有一絲絲的怨言，反而激發我們要努力學好的決心。家母是不識字的村婦，從小吃苦長大，對人生尤有一番的體驗。每到炎炎夏日，又是農忙的季節，我們總得硬著頭皮，在稻田中揮汗如雨忙收割，緊接著又要幫助父親趕牛犁田，準備播種插秧，一連串的農事，在小小年紀的身上，有時真感吃不消。每當露出無奈、困頓的神情，家母總會用她溫和柔軟的聲音勉勵我們「小時多吃苦，長大才不怕苦；把苦吃下去，就沒有苦了。」這短短數語，道盡面對窮困生活的積極態度，也流露出樂天知命的人生觀。

「除草」是秧苗成長過程中極為重要的一件農事。每到除草的時候，除了要揮灑肥料外，更要跪在稻田中，用雙手在每株秧苗的四周清除雜草並扶正長歪了的秧苗。在炎熱的天氣中，跪著前行，背部要忍受著豔陽的照曬，雙腿以下則要在稻田「溫水」中浸泡，前胸及臉部也要承受熱蒸汽的「薰陶」，偶爾，身居田中的蜜蜂（俗稱泥蜂）親吻大腿，一陣劇痛把日曬、氣燻的辛勞，全拋在腦後，趕緊站起，抓把爛泥戳戳被叮的痛處。此時，汗水滑進眼球，鹹鹹的滋味，竟也不知不覺間拌雜著淚珠往下落。是汗水？抑是傷痛的淚珠？似已無法分辨。但看到父母依舊頂著烈日繼續向前爬行，又怎能藉此怠惰，只得告訴自己，咬緊牙齒把苦吃下去，豔陽終會下山，疲憊、痛楚總會過去。每到黃昏，涼風襲來，深深的吸了一口氣，沁入心脾中，一天的辛勞也就隨風逝去。

鄉下農村常有靈異鬼神之傳說，每到晚上，小孩都不太敢出門。在念國中時，課後輔導後，天色幾已昏黑，尤其是下雨的冬天，一個人騎著沒有燈光設備的腳踏車，完全憑著對路況的直覺，跌跌撞撞的在蜿蜒的田埂上使勁的往前邁進，一股淒涼的感覺油然而生，經過一叢叢的竹林，聽到風吹竹子發出的怪異聲響，頗有幾分的害怕與恐懼，但在那瞬間，「把苦吃下去，就沒有苦」的叮嚀，常是我精神的最大支柱，我告訴自己「打起精神、睜大眼睛，就沒有恐懼、沒有害怕。」就這樣不斷的在艱困的環境中體驗人生，也逐漸找到努力的方向。直到現在，家母的叮嚀依舊是激勵我不斷超越與成長的座右銘。但試觀現代社會的青少年享受慣了物質富裕的生活，稍微遇到較為困難的事情，常難以堅忍，到處吐苦水，使整個生活環境充滿了「苦味」，這難道是社會進步所應有的現象嗎？為何我們不易培養吃苦的孩子？我想，這跟現代人的生活習慣有很密切的關係。

自在的生活——從「簡單」開啓

過去簡單的生活，孩子只要能吃飽就已滿足，沒有物質誘惑的干擾，心中留有更多的空間，用來感受大自然的幽靜與純潔，顯得格外的自在與喜悅。就這樣，漸漸地塑造成個人人格的重要部分。長大後，對生活的安排與待人接物，也常以簡單二字作為衡酌的參考。當年準備高考的那個暑假，為了能節省時間多閱讀書籍，每天晚上睡前就把電鍋按下，煮一鍋稀飯，配花瓜或簡單的醬菜，這就是整個暑假的三餐，雖有點簡陋，但想起小時的生活，也就甘之如飴。有幾位也想參加高考的同學，曾試著想搬來和我一起苦讀，但幾經觀察，很難想像這樣寒酸的生活要如何度過，只好紛紛打退堂鼓。簡單的生活，代表個人成長的洗鍊，也顯示個人內心的清明。擁有這樣的生活態度與習慣，外在的繁華世界將如過眼雲煙般，不留片段與痕跡！

而尤為個人所感動的事，那就是我岳父的「簡單」哲理。憶起我和內人交往時，有一天她突然告訴我，她爸爸要我寫一篇自傳給他看，希望對我個人及家庭背景有基本的了解。聽了頗覺奇特，我就信心十足的滿口答應，不到三天的時間，奉上個人自傳。內人驚訝的告訴我，怎麼會那麼快，我答以：「我家境窮困，生活簡單，背景單純。」事後，我問她，你爸爸看了有何評論，她靦腆的說：「我爸爸認為，那麼窮困環境中長大的孩子，大概不容易變壞。」就這樣，我通過了第一關的考驗。緊接著接受邀請到她家作客（名義上是請吃飯，我看大概是要面試）。之後，我問她，面談結果如何？她答以：「我媽媽說你身高不是很高，但這不是你的責任。」聽到此，我捏了把冷汗，但通過丈母娘這一關，一切就好辦多了！這樣的一個過程，看似簡單，卻隱含著許多重要的訊息。試觀，現今青少年的男女交往，在身心未臻成熟之際，情竇初開，猶如一對甜蜜的鴛鴦，經常單獨赴會，神秘兮兮，彼此家庭的親人也常無接觸的機會。因此，交往期間可能發生的種種爭執或衍生的問題，常因缺乏成人的關注與引導，而導致若干感情的遺憾事件。「簡單」這樣簡潔的二個字，充滿了人生的哲理，在多元遽變的社會，更顯出它的精髓與價值，值得大家多加品味與深思！

放下身段——感受人間真性情

嬰兒呱呱落地，父母高興地為其取個名字，這是代表個人存在的基本稱謂。但長大後，出了社會，各有地位，頭銜也隨之增多，這些頭銜稱謂漸漸地取代了真正代表個人的姓名，人際間的分別心也應運而生，社會的疏離感也因而不斷籠罩生活周遭。最令人感到難過的是，部分的人沉醉於頭銜的尊寵，形成貢高我慢的不當心態，迷失了自己、失去了純真、失去了自我，甚至失去了摯友，更可能失去生活的真實。我想，「頭銜」真正的意涵，無非是方便個人順利推動工作，擴大服務範圍，提升工作品質及個人價值；另一方面，應是方便他人與你建立溝通的管道，促進人際間和諧交流。如果，因為「頭銜」導致人際間身段的高下分別，實在是使用者的一大盲點。

我從小在窮困的環境中長大，感受到人類互助互愛的可貴，也在大自然的薰陶中，體會到自我的渺小與萬物平等的概念。因此，從新竹師專畢業從事教育工作以來，經過不同工作單位的歷練，始終提醒自己：「職稱只是一個工作的代號，重要的是能否因職稱的賦予，發揮潛能提升服務的品質。」經歷人生種種，看盡宦海浮沉，對自己有更多的啟示，也更能清楚的自我掌握與期許。尤其，在教育改革的過程中，身為教育工作者更需勇於承擔、積極付出，才能在工作中找到自己的定位。教育係屬服務性質的行業，如果存有「頭銜」的迷思、身段的尊榮，又將如何為當前的教育困境開啟善門。話雖如此，但實際又是如何呢？過去在小學服務時，總覺得教育行政機關的官員高高在上，毫無接觸的管道與機會。因此，當自己從事教育行政工作後，便時時提醒自己，要破除過去的陋習，用服務的熱忱帶動學校教師的熱情；用真誠的傾聽，體會教師的心聲；用更周延的教育政策，激勵教育工作伙伴，堅持教育理想，常保旺盛活力，在奉獻中得到成就與喜樂。

為了能實踐服務教育的使命，也為了能保持教育工作的初衷，我為自己取了一個聽起來不是很文雅，但卻很能讓人感受的外號，就是「工（公）友」。這個外號有二層意義，一個是「工友」，就是用服務社會大眾的心情，扮演好自己的角色；一個是「公友」，就是公眾的朋友，希望能廣結善緣，為教育謀求更大的支援與共識。起初，部分的同仁聽到這樣的稱呼，覺得怪怪的很不習慣，但我告訴他們，如果每個人都能放下頭銜（身段）努力的服務大眾，那這個「工（公）友」不就隱含著特殊的意義與價值。

有一天，一大早進到辦公室，接到一位家長打來的電話，抱怨她的孩子在學校受到教師不當的管教而不敢上學，她問我是誰，我說我是工友，她聽了之後，非常不以為然，便破口大罵：「教育部為何讓那些打學生的教師留在學校教書，教育就是沒有希望……」。我聽了十幾分鐘，沒有回任何一句話，只用輔導上最高的技術「傾聽」及發出「嗯」的聲音，表示聽到了、感受到了。漸漸地，她大概也罵得差不多，氣大概也消了，她竟然說：「我跟你這個工友講沒有用，我要告訴你的主任。」我很冷靜的回以：「我也是主任。」她聽了之後，態度一百八十度轉變，很不好意思的告訴我，剛才她講得太過火了。我告訴她：「您一定是一個好媽媽，您那麼關心你的孩子，是我們心目中的好家長，您的孩子一定會有希望。」她聽了趕緊說：「沒有啦！沒有啦！」之後，一連串的對話，她終於如釋重負般的願意陪孩子到學校跟老師好好溝通。事後，我想，如果不是「工友」這個稱謂，大概也聽不到這位家長的真心話。在我們的生活周遭，由於「名相」的迷失，我們似乎也愈來愈難聽到真心話，人類的真情也就在不知不覺中慢慢的流失了。

盡己所能無愧於心

在繁雜、忙碌的社會生活中，我們不斷的追求，卻也不斷的失去。這樣的情形似乎讓我們漸漸的失去了做為人應該有的生活。在功利主義彌漫的社會中，人際間相互噓寒問暖的基本禮儀，可能是當前冷漠、疏離現象的針砭。作家勞倫斯・史坦納說：「我們應當重視日常生活中親切的禮儀，因為它能使人生旅途平坦無礙。」身為教育工作者，是否願意正視這樣的課題，讓我們的孩子在和諧的人際互動中，學到正確的生活態度與價值觀？

人生的不快樂常源自於「把沒事看成有事，把小事看成大事」。因此，不妨自我超越，讓自己嘗試體驗簡單的生活，藉此開啟內在心靈的世界。曾經有一位花販說：「幾乎所有的白花都很香，但愈是顏色豔麗的花愈是缺乏芬芳。」因此，他的結論是：「人也是一樣，愈樸素單純的人，愈有內在的芳香。」要能體驗簡單，活得簡單，不是一件困難的事，只要我們不斷的自我對話、自我實踐，自能有多一點品味的空間。如果真能領會「簡單」意涵，並逐步落實，人生豈非僅是「吃得下飯、睡得著覺、笑得出來」而已？傑克遜・布朗曾說：「生命不要求我們成為最好的，只要求我們盡最大的努力。」而米勒也說：「我們無法調整環境來完全適應自己的生活，但可以調整態度來適應一切的環境，畢竟，生活並非全數由生命所發生的事來決定，而是由自己面對生命的態度和你的心靈看待事情的態度來決定。」一個人可能會有很多的頭銜，但重要的不是他所占的位置，而是他所展現的態度、熱忱。位置不是永久的，但一個人的態度、熱忱與方向，將會影響他的一生。做為現代的人，要想擁有較為人味的生活，我們能不好好的省思嗎？

（本文原刊載於《師友月刊》，民國 89 年 12 月，第 402 期，p.61-64）

從生活點滴省思生命的尊嚴與價值

「往後回看，我們反省生命；往前瞻望，我們活出生命。」教育工作者在面臨自我內在的衝突及外在的挑戰時，如果能夠跟著「良心」走，當可讓我們秉持教育的專業與使命繼續的往前走。

所見所思

幾天前起個大早，到附近的小公園運動，看到一位中年婦人正在清掃公園，看她雙手緊握著竹掃把，不停地清掃地上的落葉，還不時地蹲下身子撿起夾在縫中的垃圾，如此「用心」、「勤快」的清潔工人，感佩之心油然生起，也就自然地走到她的身邊，向她說：「您掃得真乾淨，真謝謝您！」只見她猛抬頭，信心十足的微笑著回應我說：「我是有領薪水的，我很珍惜這份工作。」剎時，心中有無限的感動與深思！是的，清潔工領著一份微薄的薪水，卻能抱持「知足心」與「敬業情」，提供最好的服務，展現了生命的尊嚴與價值，而我們廣大的公教人員，也同樣領了薪水，是否也能像這位清潔工人，讓被服務者心悅誠服？

平常搭乘大眾交通工具時，我有個習慣，那就是鄰座的人無所事事的時候，我會很誠懇的向他致意並和他閒聊一番。如果是老人家，我會向他建議「要多運動，保持愉快的心情，好好照顧身體，而且不要太溺愛孫子」；如果是成年人，我會和他分享教育子女的心得；而面對青少年時，則會先請問他們三個問題：知道自己學校的校長嗎？知道訓導主任是誰嗎？學校老師會不會打學生？

針對第一個問題，大部分學生的答案是知道校長的名字；針對第二個問題，曾經有幾位同學說：「訓導處是專門處分學生的，我是好學生，我怎麼會認識訓導主任？」，學生如此純真的回應，是否意味著學校訓導工作內涵及訓導人員的心態，仍停留在傳統威權體制中，值得深思！而針對第三個問題，有滿大部分的學生說：「學生犯錯會被打」，再問他：「你對老師打學生，有什麼看法？」他們的回答是「不乖就要打。」聽到「不乖就要打」，這樣無奈、冷漠、似是而非的看法，不禁讓我嘆了一口氣！

在傳統學校教育過程中，為了養成學生生活上的紀律，學校及教師會想當然爾的以「我為你好」的觀點，自行訂定許多單一標準的行為規範，學生超越了規範，很可能就必須接受不斷的責備，甚而被貼上「行為偏差」的標籤；而教師為了方便評量學生，對學生實施的考試，也以「標準」答案為準繩；更令人感嘆的是，有部分教師背著沉重的十字架，以學生的成績作為獎懲的依據，甚至設定每位學生考試應達到的分數。凡此，未能達到教師期望的學生，有可能被視為「不乖」而遭受不當的懲罰。而學生在這樣的薰陶過程中，對一些不合理的教育作為，可能不知不覺的默認、接受，甚至成為他未來做人做事的依歸。

「不乖」，這樣一個主觀的認知，帶給學生多少的無辜與不幸，而「不乖就要打」，更打掉了學生多少的信心與創造力，更令人擔憂的是，這些不當的觀念與管教方式，經過「經驗的複製」，對學生未來人格的發展與解決問題的模式，有著許多不當的影響。且從相關研究及教育實務觀察與體認，學校及教師威權的管教方式，確實對學生的道德發展、自信心的培養及創造力的發展，有著難以磨滅的影響，身為教育工作者能不及時深思惕勵嗎？

用心觀照教育的本質

什麼是教育？這樣一個看似簡單的問題，卻隱含了許多教育的理念、原則、措施、作法，要想達到教育的目標，培育健全的現代國民，所有教育工作者，甚至社會大眾，都必須對「教育」的本質確切了解與掌握。而身為第一線的學校教育工作者，對學生的影響最為直接與長遠，如果能夠掌握教育的本質與精髓，透過各種教育措施與教育方式的實施，當能營造一個溫馨、和諧、舒適、安全的教育環境，協助學生快樂學習與成長。教育的本質就是要以學生的需求、能力為核心；以國家、社會發展為半徑，結合教育工作者、社區、家庭的資源，共同勾勒、營造優質的教育環境，培育健全的現代國民。

英國教育家皮德斯認為，「教育」必須符合五個要件：第

一、符合認知性，也就是傳遞給學生的知識，必須符合科學的檢證；第二、符合價值性，亦即學校培育學生的行為規範等，要能符合傳統美德及社會規範；第三、符合自願性（興趣原則），也就是教材、教法等必須根據學生的身心發展及個別差異而有所調整；第四、學校教給學生的知識等要能符合社會的脈動；第五、學校教育要強調人與大自然的共存，也就是環保教育。綜此，身處急遽變遷及多元價值社會中的教育工作者，如能根據皮德斯對教育的規範，有效安排教育活動，當能帶給學生豐富、快樂、有意義的學習。

秉持教育使命——承擔、感恩、付出、傳承

教育工作者所服務的對象是活生生的未來主人翁，國家的長遠生存、社會的永續發展，全賴這些學子們未來的成長與努力，而其中最為重要的關鍵，確是當下教育工作者所給予他們的灌溉與滋養。因此，每位教師所承擔的責任不可謂不輕，尤其在物慾橫流的社會，如何撒播教育大愛，沖淡功利氣息，重新建立正確的價值體系，已是教育工作者所必須面對的課題。「教師」，這樣一個代表清新、神聖工作的名詞，兼具了崇高的地位與教化的功能。但它是否如社會大眾所期望的發揮了應有的功能呢？值得所有教育工作者深切反思！

我與基層教育工作者座談過程中，曾數次和教師討論過這樣的問題：「如果別的老師以你的教育方式教導你的孩子，你能接受的，請舉手？」結果出乎意外的，不到四分之一的老師

舉手。這樣的情形，隱含著許多的疑義。第一、大部分的教師可能很少思考過這樣的問題，所以，一時間無法自覺而做出判斷；第二、可能教師們不習慣在公開場合表達意見，所以，無法積極回應；第三、教師缺乏信心，以致不敢表達；第四、教師真的不願意別的教師用自己使用的方式教育自己的孩子。不管教師們是屬於上述哪一種情形，我都認為所有的教育工作者，必須重新打起精神，才能積極的檢討、付出，也就是勇於「承擔」的使命。

根據報載國內一位肌肉萎縮者朱仲祥先生常說：「每天醒來，自己還能呼吸，就感謝老天爺；能夠呼吸，就覺得自己是有希望的人，會有美好的明天。」一個肌肉萎縮症者，一定有許多生活上的不便，但他只有感恩，卻沒有抱怨，所以能展現出希望、知足的情懷。而每位教育工作者擁有健全的身體，是否也能長存感恩的心，感謝家長把孩子送到學校，讓我們有安定的工作；感謝孩子的純真與活潑，讓我們滿心歡喜；更要感謝那些成績落後或行為偏差的孩子，才能激發老師面對問題及不斷自我充實，進而自我成長，發揮教育的專業與熱忱。因此，如果老師能心存感恩，當能激發教育的熱愛，隨時包容孩子的缺失；也才能積極付出，帶給孩子信心與希望。誠如影壇明星成龍所言：「一個真正懂得感謝的人，才是真正成功的人。」而諾貝爾和平獎得主德蕾莎修女亦說：「如果你批評他人，就會沒有時間付出愛。」

歷經多年教學實務工作，也經過教育行政工作的洗鍊，深刻體會到教育工作者在傳承優良傳統文化，開創教育遠景的多重使命中，擔負著重責大任。這是一分榮耀，也是一項無形的壓力，就看每位教育工作者如何看待與調適。希臘三哲之一的柏拉圖曾說：「最有意義和最值得的勝利，就是征服自己；最可悲和最可恥的是被自己征服。」短短數字，卻如醍醐灌頂般的鏗鏘有力，令人玩味！而美國那位又聾又盲的演說家海倫・凱勒則說：「假如世上一切事物都是快樂美好的，我們將永遠無法學會勇敢和忍耐。」希望所有的教育工作者，能用正面的思考、積極的態度面對教育過程中的任何挑戰，為新世紀的教育願景，開啟新的契機！

跟著良心走

我們常說：「教育是創造價值與感動的過程。」我認為這裡所談的價值，應是以人為本的價值，也就是維護人性尊嚴為核心的價值。而所謂感動，即代表著師生、親師及親子間倫理的良性互動。身為第一線的教育工作者，在感嘆社會價值混亂、家庭功能不彰、大眾媒體不當傳播、部分民代不良示範、惡性升學競爭等等不利於教育環境的現狀時，是否能冷靜的思考：如何看待教育？如何看待自己的工作？如何看待學生？存在主義哲學家齊克果說：「往後回看，我們反省生命；往前瞻望，我們活出生命。」而蘇格拉底也曾說：「沒有經過反省的人生，是不值得活的人生。」因此，教育工作者在面臨自我內在的衝突及外在的挑戰時，如果能夠跟著「良心」走，當可讓我們秉持教育的專業與使命繼續的往前走。

傳統管教孩子的方式，的確造成許多難以補救的不良後果。我們要像醫生切除病人身上腫瘤般的專業、決心與勇氣，當即拋棄那些阻礙教育進步的陋習。

誠如陳水扁總統就職演說所提到的：「威權和武力只能讓人一時屈服，民主自由才是永垂不朽的價值。」而教育學生不也是如此嗎？打罵只是暫時的處理問題，正確的教育愛才能培育學生健全的人格。而陪著學生一起學習，進而引導學生成長，就是最真切「教育愛」的實現。期望教師們在教導孩子的過程中，能多注意孩子的尊嚴並積極鼓勵孩子優良表現，才能激發孩子潛能，協助養成好的生活習慣。教育工作是百年樹人的工作，教育工作者要能勝任工作，發揮教育功能，提升教育品質，必須要有宗教家的情懷，以耐心、愛心、感恩及知足之心，包容孩子的過失，建立孩子的信心。在教育的過程中，難免會有挫折與無奈，但就如杜斯妥也夫斯基所說：「具有偉大自覺與深刻情懷的人，痛苦和煩惱乃是經常的與必然的。」愛因斯坦也曾說：「人類最重要的努力就是在行動中求道德。」而教育工作者秉持良心，把每位學生帶起來，應是最好的道德實踐。

最近在網路上看到一篇有關「愛」的定義，感觸良多，亦頗有同感，特別予以引述如下：如果將「愛，LOVE」字拆開來看，「L」代表「listen」，是「聽」的意思，亦即，愛就是要無條件、無偏見的傾聽對方的需求；「O」代表「overlook」，是「寬恕」的意思，亦即，愛就是仁慈的對待、寬恕對方的缺點與錯誤，並找出對方的優點與長處；「V」代表「voice」，是「聲音」的意思，也就是，愛就是要經常表達欣賞與感激、真誠的鼓勵、悅耳的讚美；「E」代表「effort」，是「努力」的意思，亦即，愛需要不斷的努力、付出更多的時間，去灌溉屬於愛的良田。以上的定義，我認為是「愛」的基本精神，教育工作者如能融入於教學過程中，應有意想不到的效果。

瑞典有句格言：「我們老得太快，卻聰明得太遲。」教育工作是救人的工作，面對學生的問題，必須謀思對策，只要是對學生有益的措施，就不要吝惜付出，因為抱持著等待的心情，我們的孩子可能在不經意間離我們遠去。瑞典的這句格言，很值得大家深思。蒙娜麗莎的作者達文西說：「一天過得充實，可以安心睡覺；一生過得充實，可以安心死去。」教育工作者肩負培育健全國民的神聖使命，在「良心」的引導中，自當能隨時「安心」。最後，我要引用藝術家羅丹的話和大家共同勉勵，他說：「你的眼睛不是缺少美，而是缺少發現。靜下心來，用『發現』的心，去發掘生活之美，將充滿樂趣。只要肯用心去發現，每條大街小巷都是獨具特色的。」學生不也是如此，用心發現，每個都是一塊寶。

（本文原刊載於《師說月刊》，民國89年7月，第143期，p.49-52）

讓生命有尊嚴

「著相」是世俗的通病，是教育工作者首要根除的心魔。由於「著相」而衍生之「比較」的迷思，更是我國傳統文化中牢不可破的陋習。

孩子的苦悶與無奈

每一個胎兒在母親茹苦含辛的孕育中，經過了十個月，終於來到人間，而其哇哇大哭的一聲，好像要告訴全天下的人：「我已來到人間，要好好的照顧我，讓我快樂長大！」看到剛出生的娃兒是那麼的稚嫩、純真、無邪，帶著多少人的期望來到人間；也帶給人間無數的歡笑、甜蜜與希望！孩子是父母心頭的一塊肉，為了讓這塊心頭肉能健健康康的成長，父母無不盡心盡力提供養料及親情的滋潤。孩子也是父母心中的一塊寶，為了讓這塊寶能發光發亮，父母也無不竭盡所能提供孩子各種學習的機會。在父母、師長的呵護、教養及大環境的薰陶中，孩子逐漸的長高茁壯，也學到了知識，孕育了靈性，逐漸塑造成每個孩子獨特的人格與能力。

孩子的成長，代表著生命的延續，也象徵著人類長遠的希望。面對孩子的不斷成長，做為父母及師長的理應欣慰與高興，而孩子學得獨立自主理應自我滿足與懷抱希望。但事實是否如此？從許多的研究報告發現，孩子隨著年齡的成長，愈來愈不快樂；孩子的信心也隨著教育程度的增加逐漸下降；孩子的好奇心則在受教育過程中不斷的消失。凡此，孩子成長過程中所呈現的負面現象，使得其與生俱來之求生存的本能，因而日漸衰微。從統計數字顯示，「自殺」已成為我國青少年死亡之第四大原因，可以清楚的說明部分青少年在成長的過程中，逐漸的放棄了寶貴的生命。這樣的情形，相較於嬰兒初生時充滿生命力的現象，我們能不深切省思、謀求良方嗎？

因此，如何藉由不斷的省思與惕勵，重新建構教育的核心價值，讓自己在工作中堅持理想。教育工作是救人的工作，面對學生的問題，必須謀思對策，只要是對學生有益的措施，就不要吝惜付出，因為抱持著等待的心情，我們的孩子可能在不經意間離我們遠去。

破除比較文化，用心欣賞每位學生

在傳統學校教育過程中，為了養成學生生活上的紀律，學校及教師會想當然爾的以「我為你好」的觀點，自行訂定許多單一標準的行為規範，學生超越了規範，很可能就必須接受不斷的責備，甚而被貼上「行為偏差」的標籤。而在佛教經典「金剛經」中，對「相」這個字有許多的論述，而芸芸眾生在日常生活中，也常因「著相」產生諸多的迷惑與紛爭。因此，「金剛經」特別提醒世人要能破一切相，以免除「著相」之迷與苦。

從許多家長及學生陳情的案例中，我們發現，部分教師常因孩子成績低落、外貌不美、品行不好及家庭社經不佳而給予孩子異樣的眼光，造成孩子心理上的諸多疑慮與失衡。這樣的情形，在在說明教師的「著相」，正對無辜的學生進行無形卻長遠的傷害，身為教育工作者豈能不深切的省思？

「著相」是世俗的通病，是教育工作者首要根除的心魔。由於「著相」而衍生之「比較」的迷思，更是我國傳統文化中牢不可破的陋習。在日常生活中，隨時充滿著比較的現象，因而我們常以「比上不足，比下有餘」，做為自我安慰或安慰別人的說詞。但一般說來，比上不足，會產生不如人的挫折感，讓自己不快樂；而比下有餘，則容易自滿，產生優越感，可能會因而鄙視別人。因此，不論是比上不足或比下有餘，都可能產生心理上的不平衡，讓自己的情緒受到影響。從許多學生的壓力與苦悶，我們不也發現由於教師陷入「比較」的迷失，讓孩子不敢抬頭挺胸、不敢面對自己的困境，進而失去信心，也失去歡笑。身為教育工作者，如果能夠開啟寬廣的胸襟，藉由不斷的反思，破除「著相」與「比較」的迷思，欣賞孩子的純真與潛能，才能還給孩子一個單純、多元發展的空間，也才能找回教育的本質與尊嚴。

用教育專業開啓成績以外更重要的學習

由於升學主義、文憑主義的盛行，導致教師的教學、學生的學習受到極大的扭曲。例如在大班教學中，師生關係多流於片面的知識傳遞，教師為趕教學進度，也常忽略學生的獨特表現及個別需求；在升學主義洪流中，學校成為訓練學生考試的場所，亦成為部分學生夢魘的源頭，學生到校不再真正接受教育，教師的專業也被窄化為教書而非教人。教育似乎成為冰冷的知識灌輸過程，而不再是啟迪孩子希望、帶給孩子信心的感動學習。環顧當前教育的實務，似乎也發現，我們的教育也沒有為那些不願升學、不適合升學的孩子預作準備，在這樣一個窠臼中，我們的下一代似乎正驗證著物競天擇「適者生存，不適者淘汰」的悲慘宿命。記得，在某個文教基金會的調查報告中顯示，學生認為學校有「三多」，那就是考試多、責備多、功課多。這「三多」是源自於智育掛帥的迷思，也是學生普遍的夢魘。

站在教育專業的立場，實有必要重新檢視教育的本質與孩子的學習。過去強調成績與智育的觀念，在現代多元智慧理論的發展與批判中，應該被徹底根除與摒棄。課堂教學只是學生學習的一環，教室之外，還有更多值得學生學習的東西；成績也只是評量學生學習結果的方式之一，學生求知的動機、態度、行為更應受到重視與關注。尤其，在現代民主法治的社會中，如何培養學生管理自己的能力？如何在教學過程中，充分提供學生參與討論與決定的機會，以培養其尊重民主的素養，體驗民主的生活及獨立思考的能力？如何藉由班級生活公約的討論與訂定，從而學習團體的規範與法治的精神。凡此，雖不易在短期間彰顯效果，但卻是培養學生適應未來生活及健全人格的重要基石。學校的教育工作者必須深切體認並身體力行，才能將這些重要的能力與涵養，在言教、身教、境教與制教的相互緊密結合中，全方位的開啟學生新的希望，讓學生有「學得多、快樂多、歡笑多」的「新三多」。

用「熱情真愛」顛破傳統再出發

西班牙諾貝爾醫學獎得主拉蒙卡哈曾說：「唯有用熱情、用智慧去觀察事物，這事物才會把它的秘密，洩漏給我們。」

教育工作的可貴在於運用各種原理、方法，協助孩子在溫馨的學習環境中，不斷的成長與變化氣質；而老師的價值就是扮演好導演或推手的角色，運用愛心與智慧，提供孩子表演的空間與舞台，使每個孩子在循循善誘中，開啟良知良能，促進身心的健全發展。如果說品質是尊嚴的前提，那麼，培養快樂、活潑、身心健全的孩子，應是老師尊嚴的最大保證。面對著一批批的學生，完成了學校的學業，又踏入另一個人生的旅途，這些孩子們是否依舊展露純真與歡笑？是否表現出較為成熟的待人處事的態度與行為？身為第一線的教育工作者，面對著學生的進進出出，是否能對自己付出的成果會心一笑？

面對當前教育上的諸多問題，如校園不當管教事件、部分教師過度爭權而未善盡義務的種種亂象，不知身在其中的教育工作者是否依舊認同「教育是百年樹人的工作」？是否願意把教育視為終身奉獻的「志業」？我認為教育工作者最為珍貴的那一部分，應是發自內心、默默付出、仁慈且善良的愛。過去「愛之深，責之切」的觀點，如能配合人性的尊嚴重新調整，改以「愛之深，教之切」的柔性之愛，感動孩子的心靈，化育孩子的氣質，當能重新找回孩子的信心，建立良好的師生關係，進而塑造未來校園溫馨的新氣象。傑克遜・布朗曾說：「生命不要求我們成為最好的，只要求我們盡最大的努力。」一批批的孩子進到學校，又離開學校，在短短相處的幾個年頭中，我們是否用心教導？真心相待？教育工作本是育才積德的修行工作，如果能好好審視教育的本質，珍惜這份極富意義的工作，不斷超越、用心付出，再頑劣的孩子也能在教師的大愛中找到希望，綻放生命的微笑。

用「心」找回老人的尊嚴與價值

老人和小孩在心理層面確有某種程度的相似性。小孩怕孤單，老人也怕獨處；小孩對嚴厲的指責會感到焦躁不安，老人對大聲的粗言粗語，也會感到挫折；小孩聽到恐嚇性的言詞，會心生恐懼，老人聽到不幸的事件，也會心生焦慮；幾句的言語鼓勵，小孩會露出天真的自信心，老人也會得意的眉開眼笑；親切溫柔的肌膚觸摸，小孩會溫馨的依偎在一起，老人則會靦腆的會心一笑。

情人節買回的兩朵玫瑰花，一週後，逐漸凋謝了。小女看到玫瑰花片片散落在桌面上，竟然天真的尖叫說：「好漂亮喔！」這一片片掉落在桌面上的花瓣，在一般成人的眼中，已經成為凋謝無用的垃圾，但在孩子純真的心靈中，卻能將其視為一幅美麗的圖案，露出讚嘆的眼神，讓我心頭為之震顫。在人類成長的過程中，歷經歲月的催化、風霜的侵襲，由稚嫩的童年逐漸發展為社會中堅的青年，展現出意氣風發、璀璨亮麗的光芒；而後又邁向成熟篤實的壯年，涵孕著謙卑寬容的胸懷，彷彿一切事務都在帷幄之中；歲月的流逝，讓皮膚皺摺疊、心思空茫雜亂，連最為自然的呼吸都顯露出一絲絲的偶斷，它告訴我們，人類最不願見到的衰頹窘境，已在悄然間飄進了我們身與心，一股莫名的無奈，除了驚恐、不甘，顯露出的是那措手不及的茫然眼神與串串嘆息，又怎能似那凋零的落花受到赤子的讚美、垂憐與疼惜？無怪乎一件件觸目驚心的老人被遺棄或受虐的慘案，正在社會各個角落不停的上演。面對這樣的醜態，我們能否靜下心來，想想應該怎樣正確的看待一批批的老人，怎樣幫助他們在尊嚴、溫馨的環境中邁向人生的盡頭？

真誠關心，老人是寶

在傳統農業社會中，尊卑長幼的倫常極為穩固，年長的老人即使再無謀生的能力，依舊享有一家之主的尊嚴與榮耀，那種大家庭子孫圍繞、親朋噓寒的景象，煞是老人的天堂。隨著社會的演進、家庭結構的改變、功利主義的瀰漫，年輕人或為在競爭的社會中生存發展，或為展現獨立自主的能力，或為擺脫傳統家庭的束縛，甚或為追求自由、虛無的享樂，一個個搬離了成長的窩，自立了門戶，也擁有現代化的居家設備，但隱隱約約中總好像少了一點什麼似的，使得傳統家庭的熱鬧、穿梭與凝聚感，在蛻變中逐漸的消逝了。其中感觸最為直接與沉重的應該是上了年紀的老人。每次回到鄉下探望家母，總會看到左右鄰居的老人坐在門外的屋簷下，迎著涼風拂面，享受著和煦陽光的溫情。大家看到我這位在繁華台北謀生的旅人遠遠的走回來，總是露出笑容，帶著幾許親切且期盼的聲音打招呼，我內心也分享著他們的歡笑與喜悅。但如面對不佳的天候，這些老人就只得關在家裡，或躲進被窩，或勞動著簡單的家務，卻不知為何被一股深沉沉的氣壓籠罩著，額頭間一層層的皺紋，顯得擁擠；眉宇緊簇，好像心頭有千斤重擔；緊繃的臉頰，讓原本鬆弛的肌肉不規則的扭曲成一副苦瓜的模樣；那憋緊的雙唇，好像忍著萬般的莫名而不知如何開啟；一口難以下嚥的氣，流竄於全身每個細胞，陽光好像永不再來。

老人象徵著年齡的增長、身體機能的退化，也隱含著人生閱歷的成熟與圓融，而糊塗可能也是多數老人的特徵之一。人都會老，但我們的教育卻從未教我們要如何迎接老年，也沒有告訴我們要如何關心老人。在忙碌的社會中，有太多的老人被我們不經意或藉故遺忘、放棄了。老人到底需要什麼樣的生活？需要什麼樣的關懷？人是群居的動物，在我跟老人接觸及對老人生活的觀察中，更深切的感受到老人們心中對群體的渴望，只要有三五鄰居、好友，或子孫嬉戲，似乎就足以填充那空虛的內心世界；而親切的拍拍老人的肩膀，摸摸那歷經風霜的臉頰與萬能的雙手，加上幾句貼切溫柔的鼓勵與讚美，就可以欣賞到那掛在臉上的皺紋不斷的拼出各種令人讚嘆的的圖案；那幾顆碩果僅存、屹立不搖的鋼牙，也趁著主人歡笑的時候，參差不齊的舞動。接下來，滔滔不絕的人生奇談，從天南到地北，從幼小到壯年，一幕一幕的呈現眼前，生氣盎然的老人活似神仙般的陶醉其中，如此老人，何來之老！但更多的時候，我所感受到的是老人內心的焦慮與無助，我得專注的聽聽他們對兒媳的評論，用眼神不斷的示意我了解他們正遭受不平的待遇；也要耐心的關切他們對後輩奢靡生活的不滿，更要和他們分享或解釋孫子的調皮與不乖。偶爾訴說著身體種種的不適，拿出一大堆的藥，問我吃藥有沒有效？剎時，我突然感覺責任重大，充當起赤腳醫生，信心滿滿的告訴他們「一定有效」。

在現代社會中，老人雖然不像傳統農業社會般的享有尊寵與威權，但從許多的家庭生活觀察，卻也發現，老人常是促使家族兄弟姊妹及親朋好友能夠經常聚集的一把鑰匙。缺了這把鑰匙，親族間的聯絡、互動也將逐漸受到影響而趨淡薄。老人也扮演著家庭顧頭顧尾守護神的角色，尤其在鄉村，老人總是忠實的守著家，等著放學的孫子，甚至勤勞的打點家務，這些免費的「老傭」，無怨無悔的耗盡所剩不多的能量，他們所為何來？老人，其實他們要的不多，如果我們能用真誠的關心、多一點的陪伴，並運用肢體、眼神、微笑，加強彼此間的觸動，當較能融化婆婆對媳婦的不解、對生活的不安等等內在心靈的埋怨與桎梏。

主動關懷，老人有尊嚴

科技的文明，帶給人類富裕的物質生活，也促使醫學的進步一躍千里。因此，人類平均壽命正不斷的延長，四周可見的老人，已成為現代社會的特色。但在長壽之餘，如何讓老人活得有尊嚴、有意義，確是值得探討的課題。在每天的路程中，隨時都可看到踽踽而行的老人，我們要用何種心情看待迎面而來的老人？我們能為他們做些什麼？猶記得有一天上班穿越中正紀念堂時，看到一位頭髮斑白的老太太，兩手提著很大的西瓜，站在那兒不斷的喘氣，斗大的汗珠經過額頭、臉頰而浸濕了衣服。我走過去問她：「我可以幫您提西瓜嗎？」她驚訝的將雙手一鬆，把西瓜放到地上，用懷疑的眼神回答我：「你怎麼那麼好心？」我問她：「為何買兩個那麼大的西瓜？」她說：「早上起來散步，經過杭州南路，看到一位卡車司機在拍賣西瓜，一粒只要五十元，就掏出一百塊，想買一個。可是這位司機太厲害了，他告訴我：『既然拿出一百元，就乾脆買一送一。』我還沒意會過來，手上的一百元，早已落入他的口袋，而我也因而多了一個大西瓜。」緊接著又說：「因為西瓜太重，所以，想穿越中正紀念堂走捷徑，好到信義路搭公車。這是我第一次穿越中正紀念堂，沒想到，中正紀念堂有四個大門，我繞了一圈，不知道從那個門出去，又不好意思問人，所以……。」我一面聽著她買西瓜的情節，一面幫她提著西瓜往信義路的公車站牌前進，短短不到五分鐘的路程，她的氣調順了，竟把我當成一見如故的知己般的訴說著她家裡種種有趣的生活，也露出那份感謝的眼神，不斷的說：「你真好心，你真好心。」看到一位老者天真的神態，是一幅溫馨的畫面，也令自己心裡無限舒坦，而受到如此讚美，心裡還真有點不好意思，心想這不是每個人都應該做、可以做的嗎？

農曆年過後的某天，冷氣團籠罩著整個北台灣，氣溫陡降至十二、三度左右，外頭飄著綿綿細雨，街頭的行人用圍巾、手套等抗寒，幾乎縮成一團，那份濕冷似乎打從心底竄出。平日騎機車上班的我，也迫不得已跳上擁擠的公車。在中正紀念堂下車後，沿著杭州南路前行，騎樓間擺滿了各式各樣的小攤販。突然看到一位瘦弱且駝背的老婦人，正使勁的想搬動擺在騎樓間的摩托車，我好奇的走過去問她：「您想要做什麼？」

她帶著炯炯的眼神答以：「想要把機車移動一下，好騰出位置擺地攤。」心想以她的身子，即使用盡吃奶的力氣，也不可能。我用力的幫她移動著機車，她再三衡量說：「再移動兩部，空間就夠大了。」看她迅速的把一塊破布攤在地上，很快的擺上了物品。在這寒冷的天氣，一個年邁的老人要蹲在那兒維生，心中升起一分不忍，低聲的問她：「您家還有誰？」她笑答：「一個沒結婚的兒子。」問她：「冷不冷？辛不辛苦？」她露出燦爛的笑容告訴我：「不冷啦！謝謝你幫我移動機車，有地方擺攤子，就很好了，哪裡會苦！」聽她那堅定的語氣，真出乎意料之外，也深深的感受到她對自己生活的知足。她那神采奕奕的自信心，早已驅逐了寒流，更不知苦為何物。她的身影、笑容一直在我腦海中迴盪，她是一位可敬可愛的老人。我只是舉手之勞，不但解決她的窘境，更給自己許多的省思與啟示，我應好好感謝她！

順心導意，老人開心

大多數的老人或多或少都不自覺的想藉由回憶往日的種種，而肯定自我存在的價值。因此，要培養傾聽老人講古的耐性，也要習得感受老人話中有話的能力，更重要的是能順著老人的心意，讓他有一份受尊重的感覺。尤其，在生活艱困下成長的老人，雖然已可以享受現代富裕的物質生活，但多少仍保留有過去物質匱乏下的生活習慣，會用過去的生活觀點關照子女，顯得有點唐突與不自在。面對這種似乎不合現代生活觀的關愛，我們要如何接受老人的心意，讓老人感到存在的價值，並藉以證明自己依舊是個有用的人。記得教育部訓育委員會何常委進財曾提到每當他回到嘉義的鄉下，他母親總會煮麻油雞給他吃（因為以前環境不好，沒有太多的機會吃），何常委說，他已經夠營養且在控制體重，但看到年邁的母親端出熱騰騰的麻油雞，如果跟她說種種不吃的理由，一定會讓母親覺得自討沒趣。因此，在考量吃了也無大礙及體恤母親的用心良苦，他都會很高興的和母親一起分享。

在過去農家，物質生活極為匱乏，但卻保有一個傳統的習慣，那就是每年冬至的時候，家母會燉一隻雞，給全家進補，這也代表父母對子女關懷的一份心意。時至今日，各種食補已充斥日常生活，也唾手可得。但放假回到苗栗探望家母，一定會看到家母事先燉好的雞肉或豬肉補品。其實，看到這些肉品，就已飽了，但這含有家母多少的愛心。每次總得快速的吃完，看到家母露出欣慰的表情，心想這大概是做母親的至愛吧！而這樣的同理與體恤，也似乎是後輩們所缺乏及應用功之所在。每當假期結束，要返回台北，家母會準備許多鄉下未灑農藥的青菜、魚或豬肉，或許這是她自認能為我們做的一些事而已。我能深切了解家母的用心，但當內人忠實地一再表示這個台北已有、那個也太多時，我發現家母的眼神及呼吸頓時顯露出些許的黯淡與無奈。幾次以後，我開始和家母溝通，讓她了解現代人對生活的看法，也藉由電視報導死豬肉事件，讓她知道肉類對身體可能造成的負擔等等，我想她是聽到了，也逐漸做了調整，但那份關心子女的心情，可能不是用說理就可以改變的。

順著老人的心，雖看似一件簡單的事，但對現代的年輕人，可能是極大的挑戰。這大概就是所謂的代溝吧！我們常說「老番顛」或者「嬰兒性」，這無非是提醒我們，老人在歲月的蛻變中，不但有身體的衰退，更有心理深層的變化。一個有智慧的人，應該表現出對老人的同理與無怨無悔的關懷，因為人都會老，也唯有如此，才能讓我們的子女有個好榜樣。我岳祖母年近九十五，二度中風，不但行動不便，腦部退化也嚴重。岳父母卻能忍著岳祖母種種的無理，耐心的承擔。家中的一切飲食等均配合她的需求，看到年邁的岳父母無盡的付出，內心油然生起無限的敬佩與感動。每當晚上七點左右，岳父要外出倒垃圾，一定先向母親稟報；要入浴室盥洗也會事先說一聲，看到岳祖母含笑點頭，岳父才安心的做下一件事。偶爾鼓勵岳父母旅遊，他們總是說：「阿嬤在家，不方便。」岳父母過生日，想請他們到外頭吃頓飯，也深恐阿嬤心裡不舒服而作罷。在這樣的觀察中，我深切的體會到岳父母順著老人心意的意境與孝心，也感受到岳祖母所享有的榮寵與尊嚴，這是最好的學習榜樣。但在現代的生活及教育環境中，我們能再培養出這樣的年輕人嗎？

談天報喜，老人不憂

每天從媒體所披露各種不幸的社會事件，對年輕人來說，似有見怪不怪，甚至麻木的感覺。但看在老人眼裡、聽在老人心裡，卻有意想不到的副作用。每當媒體報導老人受虐、被遺棄的事件，鄉下的老人們總會露出驚恐的眼神，並無奈的批評現代年輕人的種種不肖，對那些被遺棄的老人，他們似有感同身受之痛。而在言談間，聽到媳婦談及某家媳婦如何不孝的頂撞婆婆時，只見憂鬱的神情漸漸的占滿了婆婆的臉頰。這些言不及義的事件或報導，或許只是年輕人茶餘飯後的話題，說說就沒了，但那些老人們卻豎起雙耳，用心的感受著那些不幸的事件，似乎就將發生在他們身上般憂愁。

根據我的觀察與經驗，老人和小孩在心理層面確有某種程度的相似性。小孩怕孤單，老人也怕獨處；小孩對嚴厲的指責會感到焦躁不安，老人對大聲的粗言粗語，也會感到挫折；小孩聽到恐嚇性的言詞，會心生恐懼，老人聽到不幸的事件，也會心生焦慮；幾句的言語鼓勵，小孩會露出天真的自信心，老人也會得意的眉開眼笑；親切溫柔的肌膚觸摸，小孩會溫馨的依偎在一起，老人則會靦腆的會心一笑。身為社會的中堅分子，當我們用盡心思地提供下一代溫馨舒適的成長環境時，是否也能稍加省思，為我們的上一代略盡棉薄，讓她們有個免於恐懼的環境。這當中最為要緊的當是多和老人聊天，多說好聽的話、溫馨的話。佛洛依德說：「孩子得到豐富的愛，都將發展成為巨人。」而我也深信「老人只要得到充分、溫馨的關懷，都將成為快樂的老人」。

參與公益，老人不老

日前在觀賞淨空法師弘法的影帶時，畫面上介紹一位新加坡的許女士，看她雖滿頭白髮，卻精神飽滿的侃侃而談。一百零一歲高齡的她卻以年輕人自稱，她說每天醒來除了做瑜珈健身外，腦袋裡所想的就是要如何去幫助窮人、老人、孤兒，在她的奔波努力下，陸續成立了幾所老人院。她吃的簡單，穿的更是別人丟到垃圾桶的舊衣服。看她信心十足的談論「年輕人」的夢想，和她的高齡相比較，實有極大的差距。如此高齡的人，不但擁有健康的身子，腦袋及心裡也保有年輕人的敏銳與活力，她不讓年輕人專美於前，持續的為公益而奮鬥，我們不忍稱她為老人，姑且以「長者」稱呼，或許較為貼切。

台灣地區高齡人口也日益增多，當政府在擔憂老人可能拖垮全民健保政策時，我們何不從更寬廣的角度，為老人規畫合宜的公益活動。老人要「活」，自當要「動」，而公益性質較能免除得失之心，可以讓老人盡心的盡力而為。如此，殘燈聚集，彼此分享，或能再度點燃生命的花朵。在媒體報導中，我們不也發現嘉邑行善團的老人們在鋪橋施路的善行中，不但沒有高齡老化的現象，流露出的是堅忍踏實的長者風範。而部分高齡的里長伯們，用那年老心不老、體不衰的熱忱，展現高品質的服務，也激勵鄰里多少老人生存的意志與信心。因此，如能充分妥善規畫安排老人正當合適的公益活動，在群體互動過程中，彼此交換經驗，協助老人從關懷周遭中自我肯定、自我實現，更可以提升自己的心靈層次，也稱得上是另一種信心治療。如此，「老人」將只是年齡分類的名詞而已。

包容忍耐，老人溫馨

人生旅途，老化可能是無法迴避的路程。如果我們能用容忍小孩無理取鬧的耐性，寬待無辜的老人，家庭就將成為老人的避風港；如果每個人對待老人也像愛自己的孩子一樣，社會或許就不會有老人問題；如果我們能抱持菩薩的智慧與媽媽的愛心對待普天下的老人，老人天堂的社會將不是夢想。老人要的不多，只要我們真誠關心、耐心包容、多一點好話、多給一些微笑，他們就會有一份受尊重的溫馨及活下去的勇氣。當我們在關心老人問題時，我們不是要教老人如何做，而是營造一個合宜溫馨的生活空間與環境，讓每個老人可以不斷自我肯定、自我發展，表現他那圓融、慈悲的一面。

如果把鉛筆比擬為老人的人生，我們不難發現，二、三十年前的學生，鉛筆用到已經不能再寫，還是捨不得丟棄，現在的學生，鉛筆用不到一半，就想要換另一支新的鉛筆。這不也象徵著老人處境的變化嗎？過去農業社會，家庭倫常極為穩固，老人享有威權與尊寵，就像那支捨不得丟棄的短小鉛筆。但現代的社會，家庭解組，功能式微，老人似乎就像那用不到一半的鉛筆，隨時面臨被遺棄的坎坷命運。如果老人如夕陽，那麼沒有夕陽的蒼茫，那能呈現朝陽的絢爛與活潑？那能烘托初春的明媚與暖意？當老人面臨種種的生活與生存問題時，我們能否學學孩子的純真，欣賞那凋零的玫瑰，用「心」去疼惜、關愛老人，才不會空留遺憾。記得前教育部曾部長在九十年元月十二日「全國學生事務（訓導）優秀工作人員頒獎典禮」致詞時，特別提到愛因斯坦在還沒有發明「相對論」之前，認為宇宙及人類的愚蠢是沒有極限的，但當他發明「相對論」，證明宇宙的有限性後，他還是沒有辦法證明人類愚蠢的極限，也就是人們經常為前一天、前一分鐘所做的事感到懊惱。因此，為降低我們的愚蠢，我們必須痛下決心好好在日常生活中，帶給老人希望、平和與尊嚴。

（本文原刊載於《師友月刊》，民國90年4月，第406期，p.60-64）

捫心自問

一連串的省思，就是將「心」找回，鍛鍊「心志」的最好方法。

一串串的思與問

生活在現代社會的人們，可以深刻的感受到，日新月異的科技發展，已把人類的物質文明推展到前所未有的境界，但真能快樂自在的享受科技的果實嗎？教育改革的工程在眾所期盼與矚目中，端出一道道的美食佳餚，美侖美奐的校園建築與設施，創造了台灣教育的奇蹟，身處其中的教育工作者是否滿心歡喜的樂在工作？一批批稚嫩臉孔、天真無邪的小朋友，由幼稚園進入了國小一年級，在學校周延的校務發展計畫及教師們用心經營的教學活動中薰陶與洗禮後，完成了六年的學業，又一批批的踏入另一個人生的旅途，這些孩子們是否依舊展露純真與歡笑？是否表現出較為成熟的待人處事的態度與行為？身為第一線的教育工作者，面對著一批批學生的進進出出，是否能對自己付出的成果會心一笑？

觸摸與感受一下——心在那裡？

曾在幾次與教師們的座談中，請教師們試著觸摸與感受一下自己的心在那裡，並鼓勵教師說出感受，但幾乎沒有教師主動舉手表達心中的感受。面對於這樣的情景，除感詫異之外，更深切的認為，政府及所有教育工作者都應重新思索，如何幫助並鼓勵平日任勞任怨的第一線教育工作者，能經常感受一下自己的心、擦亮自己的「初心」（初衷），甚至找回失去已久的心。科技的文明，是許多科學家「用腦」的結晶，而人們在盡情享用物質文明的果實之時，似已逐漸被物化而視一切的享受為理所當然。因此，在科技文明高度發展的同時，也提醒我們如何「用心」，本諸人類存在的意義與本質，兼顧科技與人文，才能提升人類生活的品質與生命的尊嚴。而教育這兩個字，寫起來容易，但要建構周延完善的教育環境，培養健全的國民，需要集眾人之「心」、「腦」與「力」，才能逐漸完成，這一切的根源，全繫於一顆善良的「心」。

在現實生活中，我們可以深切的感受到，小孩掉了喜歡的玩具，會急著要找回來；成年人遺失了重要的東西，也會急切的尋求「失物招領」，但有多少人整天忙碌於追求功名利祿或享受物質生活之時，迷失了本性，卻不知道要「失心招領」。在熙熙攘攘的「忙」碌生活中，我們已不自覺的讓心「亡」了。因此，孟子提醒我們要「求放心」，也就是把失去的心找回來。身為第一線的教育工作者面對孩子一再的犯同樣的過失時，可能會責以「不用心」；面對孩子坐立不安或做事魯莽時，會以「心浮氣躁」形容；當孩子欺負同學或破壞公物時，則會以「心腸那麼壞」予以譴責。凡此，以「心」做為責難孩子不當行為的用語，概可體會教師們似已習以為常的對「心」做了一些判斷，但卻很少真正用心去思索這個「心」到底是什麼？在那裡？隱含了什麼樣的教育意義？而當面對孩子成績低落時，老師可能會責以「不用大腦」或以帶有羞辱的口頭禪──「笨蛋」，加以苛責。此外，教師們為了鼓勵孩子克服困難、勇敢的接受挑戰或養成好的生活習慣，則會告訴孩子要有「決心」、「信心」、「恆心」；而為了緩和孩子緊張的情緒或恐懼的心理，也會用「不要擔心」、「放心」加以安撫。從以上教師責備學生、鼓勵學生及安撫學生所使用的各種「心」，可以發現教師似乎已在傳統文化中，理所當然且貼切的區分「心」和「腦」的差異。但如要其觸摸感受一下心在那裡，似乎又是那麼的茫然與迷惑。

做自己的主人──從心開啓

每個人都有不同的人生目標，但總括說來，不外乎下列二種：一個是追求想要的，一個是享受已經擁有的。證嚴法師曾說：「我們想要的太多，但真正需要的不多。」這也意味著，在不斷追求的過程中，如何能夠享受已經擁有的，才是值得我們去思索的課題。但從許多生活的觀察與實務中可以發現，只有極少數的人能達到第二個目標，怎不令人感嘆！人類自視為萬物之靈，為了滿足一切的慾望，極盡所能的開發大自然，使大自然的原始風貌慘遭扭曲，導致地球生態的嚴重破壞。由於人類自私的心態，已在庸庸碌碌間，喪失了做為人應有的自在、尊嚴與快樂。看似繁華景象的背後，隱藏了人類多少的孤寂；狀似人山人海的熱鬧中，多少人迷失於其中；城市間一幢幢高樓大廈，正不斷擠壓著原本就已擁擠的心靈；山林間、沿海邊美侖美奐的別墅，吐露著人際間多少的疏離；錦衣玉食的表象後，隱含了人類多少的空虛；熙熙攘攘的氣氛中，似乎流竄著人類訴不盡的無奈！人之所以為人的本質與初衷，豈是如此的繁雜與零碎？

曾子每天反省自身，所以能成為德高望重的大儒。其三省吾身的習慣，頗有從「心」省思的意涵。只有把「心」安定，才能清楚的掌握自己，為每一個抉擇做出最恰當的判斷，歡喜的承擔每一個當下。如此，不就是「定、靜、安、慮、得」的一種體現嗎？「心」既是個人生活的源頭與主宰，每個人都應該有權利過自己的生活，只是我們願不願意把「心」開啟，坦然的用心感受一下：我是誰？我擁有什麼？我要如何看待自己？如何看待自己的工作？如何看待自己的人生？如何看待自己的周遭環境？如何看待服務的對象？

身為教育工作的一份子，當我們在享受科技文明所帶來的高度繁華的物質生活時，能否稍停下腳步，想一想：我們從事教育工作的「初心」，是否依舊存在？深信經過專業教育培養出來的教師，對教育的本質、目的及原理原則，都有相當程度的了解，具備了教師應有的涵養。但每位教師是否能表現出符合教育專業的行為與令人敬佩的專業精神，則是當前教育工作者所必須深切反思的課題。於此，我認為教師要能樂在工作，展現以教育為「志業」的情操，必須從「心」開啟，好好感受自己的心，再度確認自己的教育初衷，自在坦然的面對環境變遷所帶來的各種衝擊，才能抗拒功利及物質的誘惑；也才能心平氣和的引導孩子有效學習，使自己在工作中找到自我、實現自我。

心在天地呼吸間

國內一位肌肉萎縮症者朱仲祥先生，雖不良於行，但歷經人生的種種挫折與磨練，已培養出堅忍的毅力與知足感恩的心，他常說：「每天醒來，只要還能呼吸，就感謝老天；能呼吸，就覺得有希望；有希望，就覺得會有更好的明天。」而目前就讀武陵高中的楊士賢同學，在年幼時因不慎被鐵捲門捲到，不得不將一隻組織壞死的手截斷，在父母的鼓勵中，他不斷的克服種種困難勇敢的活下來，但老天不眷顧，他的父母相繼過世，他牢記母親的叮嚀，要好好的活下來且要照顧弟弟，他說：「我卑微得像一粒沙，但只要活著就有改變的機會，要是死了就什麼都沒有。」是的，一個肌肉萎縮症者、一個獨臂同學，能在呼吸間，感受生命的可貴、體會生命的意義、展現生命的韌性、活出生命的尊嚴，這一切，我認為就是他們堅忍的「心」，在鼓舞、支持著他們要勇敢的活下來。因此，每位教師是否可以藉此感受一下「心在那裡？」是否可以捫心自問「教育的本質是什麼？」、「教師的職責又是什麼？」、「我是個稱職的教師嗎？」、「我有哪些值得別人學習的教學心得與事蹟？」、「我有哪些需要再改進的事項？」、「我能正確的看待學生的學習嗎？」、「我能有效維護學生的受教權益嗎？」、「我能做好學校及家庭間溝通的橋樑嗎？」、「我能協助家長有效實施親職教育嗎？」、「我能耐心的引導學生改過嗎？」、「我能尊重學生的意見與想法嗎？」一連串的省思，就是將「心」找回，鍛鍊「心志」的最好方法。在開啟「心」的過程中，可能面對自我內在的設限，也可能遭致外在的影響，而產生種種的矛盾與挫折。但試想，我們的情境與條件，比起上述二位殘障者，實在好的太多！如果我們能從「心」珍惜、知足與感恩，相信再多的困難與橫逆，也難以阻擋我們「開啟心靈」的勇氣與決心。

海倫・凱勒幼年時，是一位又聾又盲的孩子，但經歷了無數的折磨與努力，她終於找到生存的方向，成為美國知名的演說家，她說：「一個人的人格，無法在平和中養成，只有經歷試煉與折磨，靈魂才得以強化，視野才得以明晰，雄心才得以激發，而成功才得以獲致。」這短短數語，是海倫・凱勒人生體驗的結晶，足供教育工作者引以為鑑。是的，人格必須經歷不斷的磨練，才得以強化，其主要關鍵就是不斷的藉由「心」的惕勵與折磨而塑造。由此教育工作者要想持續保有教育的「初衷」，必須不斷的從「心」省思，強化自我超越的毅力與勇氣。正如我們常說：「失去金錢，損失不大；失去健康，損失慘重；失去勇氣，等於失去全部。」教育工作者必須永保面對逆境、積極改變的勇氣，才能在多變的社會中，不斷成長，讓一顆教育的「心」，不致因時空的改變而蒙蔽。教育是一種創造價值的過程，其間必須透過不斷的感動，才能啟迪孩子天真無邪的心，而這一份感動，就要依靠每位教師發自內心的愛，這偉大的愛存乎於一心、存乎於呼吸之間，不是嗎？

（本文原刊載於《師友月刊》，民國 89 年 7 月，第 397 期，p.19-22）

培養好習慣創造好人生(一)

命好不如習慣好

在我們的社會中常會聽到「命好不如運好」的論調。所以，當那些沈迷於樂透彩的投注客，花盡大筆鈔票卻未能如願中大獎時，總會嘆嘆氣，無奈的說「運氣不好」；而當那些賭徒簽賭職棒比賽卻未能如願時，最後可能鋌而走險，威脅、操縱職棒球員，讓原本健康清新的運動染上陰影。這些想靠運氣實現發財夢的人，真正有幾人能夠如願？即使僥倖得逞，又真能享受安逸寧靜的生活嗎？另外，從社會生活層面，我們也發現現代父母，普遍經濟能力比過去好且孩子生的少，所關心的僅是孩子的升學，忽略了孩子做人做事所必須具備的各項能力。所以，許多過去孩子必須學習的灑掃應對進退等基本能力，幾乎蕩然無存。如此，在日常生活中未能養成各種好習慣，在成長的每個過程，都可能不斷流失重要的價值與核心能力。尤其，部分孩子在父母豐厚的經濟供應下，不論是食、衣、住、行、育、樂等方面都有傲人的享受，於身心未臻成熟的狀態下，容易養成好逸惡勞的惡習，對未來的人生將有嚴重的影響。我們不也常聽到「富不過三代，窮也不過三代」的警語嗎？何以致此，不得不提醒我們好好深思並預作防範。

勤奮儉樸、吃苦耐勞是過去農村社會的重要美德與習性，那時的孩子，必須精通十八般武藝，也要能任勞任怨的勇敢接受挑戰。只要一有機會，這些窮人家的孩子，多能在橫逆的環境中不斷超越。台灣經營之神王永慶先生，不就是活生生的最好典範嗎？他年過八十，但從相關報導中得知，他每天都有運動、飲食等養生的好習慣，因而能保持一定的體能、旺盛的企圖心與敏銳的思考能力，帶領台塑集團超越顛峰。而賴於過去「升學聯考」的公平性，窮人孩子才有可能把種種勤奮吃苦的美好習慣發揮得淋漓盡致，獲得向上攀升的機會；也託國家文官考試制度的建立，使得毫無背景的鄉村子弟有機會應試服公職，這一切之根源，在於種種好習慣的養成。如今，生活在社會富裕中的孩子，是否保有優良的傳統習慣與價值？是否願意認真思索生活習性對個人學習與發展的影響？

當前台灣地區的孩子不論是學習的管道、家庭社經背景、就讀學校的師資與設施等概屬空前的多元與進步，不可謂不好命，但這些外在的條件，如缺乏內在良好習慣的妥善運用，又怎能彰顯出外在優異條件的價值？又如何能幫助學生激發潛能，提升個人的品質？當大學教授對大專學生早睡（凌晨一、二點才睡）晚起，第一節八點的課程，姍姍來遲、兩眼惺忪、帶著早餐或無精打采坐在椅子上發呆的情形，表達極度的憂慮與無奈時，我們要如何看待孩子的學習？當某科技大學校長提及到大陸參訪姊妹學校，赫然發現早上六點鐘，圖書館竟然座無虛席，而我們的大學生宿舍，早上八點可能還有不少人躺在那兒做春秋大夢，同樣是大學生，為何在不同的時空下卻有如此大的差異？

台北市長馬英九先生是許多青年朋友的偶像，這些「馬迷」是否曾好好思考馬市長何以能保持旺盛的精力，處理繁雜的市政。其實理由很簡單，根據報導馬市長在哈佛大學求學時，即養成每天慢跑的好習慣，藉由慢跑培養耐力與意志力，所以，日前馬市長在接受媒體採訪時說，他每天藉著運動保持充沛的體能，每日可以工作十幾個小時而不疲倦。從馬市長的成長背景，他的命似乎要比過去農業社會的孩子好的多；但命好之外，他的好習慣不也是促使他成功的重要關鍵嗎？面對傳統優良習慣的流失，面對青少年層出不窮的陋習，身為教育工作者在執教之餘，是否曾好好思考到底要培養什麼樣的孩子？到底我們的孩子出了什麼問題？

習慣在生活點滴中養成

習慣是每個人的日常行為模式，它可能是個人的偏好，也可能是個人潛意識的顯現。它的層面非常的廣泛，舉凡吃飯時拿筷子的姿勢、讀書的時間、說話的口頭禪、思考的模式、睡覺的姿勢、與人打招呼的方式，甚至拿電話筒的手等，久而久之都會自然融入成為個人生活習慣的一部分。這些經由生活點滴累積而成的習慣，代表個人行為的特色，也將成為人格或個性的重要特質。同時，它也隱含個人做人處事的想法與態度。因此，從個人的習慣，大致可以了解隱藏在個人內心世界的種種思考因子。身為教育工作者應如何觀察孩子的生活點滴？又應如何從其中了解孩子的內心世界，進而引導孩子建立正確的價值觀，養成好的習慣？這裡所提教師對學生之觀察及對學生習慣的詮釋，不也深受教師本身習慣的影響嗎？因此，要成為優秀、稱職的現代教育工作者，首先必須重新建構一套完整的價值體系並實踐於日常生活，使之「自然」成為「習慣」的一部分。

從個人習慣可以了解個人特質，同樣的，也可藉由社會大眾的習慣來解讀社會的現象與文化；當然，也可藉由學生習慣探討校園學生的次級文化，進而採取有效的引導策略。就以搭公車為例，我每天在公車上特別觀察兩種現象，一是國人在公車上坐位子的習慣。我發現公車上如果有兩個座位是空的，大部分的公車族會先坐在靠走道的位子上，因而留下靠窗的那個位子，常因乘客不好意思跨越對方而經常沒人坐。這樣的事件，看似簡單，但其背後隱藏了國人方便自己的自私習慣。每當看到乘客先選擇坐在靠走道的位子時，我的內心有種莫名的感嘆，常會要求自己跟對方說聲抱歉，然後跨越進去坐在靠窗的位子，也有幾次鼓起勇氣和坐在靠走道的高中同學分享坐位子的想法，果真如我所料，那些同學的答案都是「比較方便」。我會和他們進行簡短的對話，讓他們去思考這種坐公車的心態與習慣對整個社會的可能影響。另外，我也長時間觀察，公車乘客下車時，是否向司機先生道聲「謝謝」。令人失望的是，僅有不到五分之一的乘客能隨口說聲謝謝。何以致此？這樣的情景，不也正反映出社會冷漠、自私的面向嗎？當我們把別人的服務視為「理所當然」時，又怎麼可能發自內心表達一份敬意與謝意呢？

生活點滴不就是父母、師長經常耳提面命的種種行為準則嗎？為何如此簡單的道理，卻難以生根在我們的生活當中？如果由小（個人習慣）看大（班級風氣或社會文化），我們自然就能找到其中的原委。班級或社會是眾人的組合，一旦成為風氣、習俗，對個人的影響自然深遠。因此，要想改變種種不符合傳統優良價值，或有違公共道德的習慣，必須每個人能深自反省，從觀念的源頭不斷自我對話、自我澄清、自我建構、自我開展，將正確的想法深植在心田，並努力表現在做人處事的態度與行為上，如此，自然成習慣，習慣也當成自然。

改變習慣要先改變觀念

觀念是習慣的源頭。人本主義心理學家馬斯洛說：「一個人如果心念改變，態度就會跟著改變；態度改變，行為就會改變；行為改變，習慣就會改變；習慣改變，人格就會改變；人格改變，命運就跟著改變。」德國第一次世界大戰的鐵血宰相俾斯麥先生也說：「影響一個人一輩子命運最大的關鍵因素不是成績也不是智商，而是一個人習慣性的思維模式。」其所謂習慣性的思維模式也就是面對問題的看法。希臘哲學家亞皮特塔斯也提到：「人不是被事情所困擾，而是被看待事情的觀點所困擾。」以上論點都在強調面對問題所抱持觀點之重要性。在我們的周遭生活中，常受一些似是而非的觀念影響，使個人情緒陷入莫名的糾結。尤其好與壞、愛與恨、喜歡與不喜歡（討厭）等二元論的觀點，更是我們所應徹底根除與導正的偏差觀念。

在課堂上，曾經有位大學女同學含著眼淚問我，是否有不喜歡的人？我立即感受到這位孩子內心世界的無奈，因為有許多的孩子總是認為和他在一起的同學，就是他所喜歡的，而沒有和他來往的同學，就是他不喜歡的。結果是喜歡的僅有少數，大部分的都是不喜歡的同學。試想，周遭生活中如果多是不喜歡的人或討厭的人，那將會是多麼孤獨與殘忍的事情。我在黑板上畫一條線，中間是原點代表中性，右邊代表正向的情感，左邊象徵負向的情感。同學們終於發現，大多數的同學是因為他不認識、不了解，所以沒有情感上的涉入，也就是沒有喜歡或是沒有愛，而不是不喜歡或恨他們。德蕾莎修女不也曾說：「愛的反面不是仇恨，而是漠不關心。」如此，從觀念的啟迪，才能根除許多不當的陋習。

曾到某縣市出差，由於出差地點離車站還有一段蠻長的距離，便有一位女老師開車來接我。我坐上車後，直覺地感受到這位老師心情沉重、滿臉的苦瓜臉，心想她是否被抓公差來接我，心裡不舒服。於是便問她，她說：「不是」，再問：「為何臉繃的那麼緊？」她說：「去年大年初一，全家開了新買的轎車出遊，玩得很高興。可是在回家的途中，停在紅燈的地方，突然被後頭一位酒鬼撞了一下，後車廂全毀。根據台灣的習俗（也可以說是一種迷信），大年初一發生車禍，今年會流年不利，所以，心裡一直擔心會發生事情，臉部表情自然僵硬起來。」聽了她心裡的隱憂，我連忙說：「恭喜您！恭喜您！」她無奈的說我在講風涼話。我告訴她，一般發生車禍可能有三種情形，第一種最糟糕的是「車毀人亡」，什麼也沒有了；第二種是車毀人受傷，也很痛苦；第三種是車毀人平安，算是最幸運的一種。她聽後，竟然露出微笑說：「對！對！全家都平安。」這簡短的對話，卻如醍醐灌頂般驚醒夢中人，也改變了她對事情的看法。那天會議結束後，她半開玩笑地說：「以後再也不用那麼辛苦地化妝了！」我也點頭示意。的確，再濃的色彩也掩飾不了內在的焦慮與不安，自在的喜悅更無須靠化妝來襯托。我們常說「人生有命」，也常聽到「聽天由命」，此命乃先天所俱來，無須抱怨，也無庸計較，但掌握此命，成為生命的主人，卻是我們可以努力的方向。只要我們願意從培養好習慣著手，即使有諸多的壓力與困境，依舊能享受自在美好的生活！

（本文原刊載於《師友月刊》，民國91年4月，第418期，p.54-57）

培養好習慣創造好人生(二)

「最有價值的事物不是眼睛能夠看到的，而必須要用你的心去感受。」當我們用心欣賞，才能用心感受、用心聆聽、用心品味，在人與自己、人與人、人與周遭、人與事物間會產生緊密的連結與互動。

還原歸零

看到媒體介紹高雄縣「阿婆的自助餐店」的感人事蹟時，對於那位阿婆年逾七十，卻做了好幾十年自助餐店賠本生意的偉大情操，我們有什麼樣的感動？阿婆說：「看到那些工人做那麼粗重的工作，要吃很多的飯，才有體力；但他們吃不起貴的自助餐，如果吃不飽，沒有體力，容易發生事故，造成家庭的不幸，這樣就不好。」所以，阿婆只好繼續做賠本的「生意」，每賣一份，就多賠一份的錢，最後賠掉了擁有的七間房子。阿婆慈祥的眼神中流露出對人性善良的堅持與肯定，她說：「別人是賣房子養自己的兒女，我是賣房子養別人的孩子，只要大家平安就好。」阿婆所做的一切正是已故諾貝爾和平獎得主德蕾莎修女所說「奉獻」的真諦（德蕾莎修女認為把我要你也要的東西送給你，而我自己沒有了，就是奉獻，也就是己之所欲，施之於人）。由此，阿婆所做的「生意」，已經超越了原本生意力求賺錢的本質，而提升為「『生』起人性情『意』」的崇高價值，這種突破金錢迷思，喚起人性光輝與價值的義行風範，在追求功利、人情冷漠的社會，能否如暮鼓晨鐘般敲醒世人沉睡的心靈？

同樣的社會，有著許多不同的樣態，做為現代社會的教育工作者，要用什麼樣的態度看待教育工作？要如何建立教育工作的核心價值？要如何看待孩子的學習？要如何欣賞孩子的獨特與多元？這一切均有賴教育工作者涵養優質的習慣，才能幫助自己超越偏見，開拓視野，進而樂在工作。

欣賞能力與習慣的重要

教育部為了響應終身學習的理念，在前部長曾志朗先生到任後，即規畫邀請企業界名人分享心得與理念的講演活動。曾經幫美國處理波斯灣戰爭的世界危機處理專家邱強先生到部內演講時，有位同仁請問他：「台灣教育的危機在那裡？」這個看似簡單的問題，卻很值得我們思考。平常和大學生上課時，我會提醒學生，人生都沒有標準，所有的問題更不應有標準答案，如果有標準答案的話，那也只是暫時性的答案。如此，鼓勵同學積極創新思考，才能集思廣益並產生知識管理與創造的樂趣。我覺得這位同仁的問題相當具有挑戰與省思的價值，我也相信，每個人對這個問題都有或多或少的定見。但對專門做危機處理的邱強先生而言，他的看法竟是如此的令人刮目相看，他認為台灣教育的最大危機就是我們培養不出具有欣賞能力的孩子。而義美公司總經理高志明先生到教育部演講時，也有同樣的看法：「我們培養出來的優秀大專學生卻像是知識豐富的野獸。」面對以上名人對台灣教育的看法，我有很大的震撼與感觸，幾經思索並和教育工作者討論，頗能引起大家的共鳴與認同。所謂知識豐富的野獸，那就是惡性競爭、弱肉強食的叢林法則。高先生說，我們培養出來的學生，在考試及知識方面都很不錯，但進入企業界服務，卻缺乏合作觀念，也沒有團隊精神；只想單打獨鬥，看到別人倒下去，證明自己存在的價值。這是企業界最大的無奈，也是孩子們最大的損失。

欣賞，涉及許多情意的層面，藉由眼睛的觀察、耳朵的聆聽及心靈的體會等做為欣賞的途徑，而透過眼神、口語、臉部表情及肢體互動等方式傳達感受。在現實生活中，欣賞的能力與習慣深切的左右一個人的心情。當我們對某件事不滿意，甚或批評抱怨時，內在情緒開始有了反應，很快地影響身體血液循環，外在的表情也隨之變化。一般而言，眼睛是欣賞的重要途徑之一，但仔細想想，我們有無善用眼睛欣賞人、事、物，讓自己保持愉悅的心情。如果，我們的眼睛專門用來挑剔事、物不好的一面，或專門找別人的的缺失，我們的內心會是多麼的不舒服、多麼的汙穢。

九十年十月三十一日突然逝去的台灣小巨人朱仲祥先生，曾在一次演講活動中表示他結婚了，但他的太太是瞎子。當時現場的聽眾哇的一聲，為這位肌肉萎縮症者的悲慘處境，表達關懷與惋惜。但朱仲祥依舊面帶微笑回以：「謝謝大家對我的關懷。我太太有一對明亮的眼睛，但她明亮的眼睛不是用來看我外在的殘缺，而是用來欣賞我內在的毅力與善良。」此話一出，讓大家都感動與敬佩，也讓大家陷入一陣沉思。絕大部分的人都有明亮的眼睛，但除了幫我們看路、閱讀之外，我們真的提升眼睛的功能與價值了嗎？尤其是教育工作者，更應有所警惕與深思。當老師不斷批評孩子哪裡不好、哪裡不對的時候，是眼睛出了問題，抑是孩子真的沒希望呢？有位出家小和尚問他師父一個問題：「師父，您為什麼凡事都能看得透，凡事都能想得開？」師父笑答：「當我把眼睛閉上，用心去看，就看透一切；當我停止去想，就想開一切。」是的，當我們用眼睛去看別人的缺點時，永遠不會發現這個人還擁有其他的優點；當我們一直想為什麼孩子總是不乖、不聽話、不用功時，我們再也感受不到他的純真、善良。

讓人遺憾的是，在傳統教育過程中，我們很少被引導如何用眼睛欣賞孩子，更遑論教導孩子欣賞自己或欣賞別人。我有許多機會和大、中、小學的孩子討論這樣的議題。我問孩子：「眼睛是用來欣賞，還是用來找缺點？」有的孩子會說兩者都有，但回答找缺點的孩子比較多，尤其是國中的孩子。這樣的現象，跟我們的教育現狀有極密切的關係。國中階段的升學壓力、智育掛帥，讓多數的老師成為知識傳遞的教書匠，也讓孩子淪為考試的工具。老師所關心的就是成績，無怪乎有位國中生無奈的說：「我的老師愈來愈像獨眼龍。」每天看到的只是學生的成績，而再也無法看到學生成績以外的種種潛能，這是多麼令人心酸與悲慘的教育場景！

欣賞能力與習慣要在教育過程中培養

「欣賞」既是一件重要的能力與習慣，也是情意涵養及人格陶冶中相當重要且關鍵的部分。身為教育工作者應審慎思考與面對過去教育的不足與偏差，重新建構一套培養自己及培養孩子欣賞能力與習慣的價值體系與方法，才能符合多元智慧的理念，幫助孩子找到人生的方向。去年，菲力普公司董事羅益強先生到教育部演講，主題是「人是資產還是負債」，引起很大的關注與討論。在他的演講中，提到兩個很重要的概念，一是信賴關係的建立，一是欣賞能力的培養。這兩個概念用到教育工作上，尤其具有意義與價值。在《與影響力有約》一書中，即提醒我們「任何課程改不了學生，只有良好的師生關係才能影響學生」，其所謂良好的師生關係，不也是信賴關係的重要內涵嗎？在我們的教育現場，如果能建立良好的師生及親師關係，對班級經營、學生的學習、學校的發展，一定會有良性的助益。但要如何思考這樣的課題，如何建立穩固的信賴關係，相信是所有教育工作者要認真努力的方向。

在一般人的印象中，歐美先進國家培養出來的孩子比較有信心，獨立思考及決定的能力也比我們的孩子強，這其中一定有某些是台灣教育所忽略卻重要的關鍵因素，我想信賴關係的建立就是其中之一。一九九五年到英國倫敦大學教育學院進行專題研究時，曾參訪幾所國民中小學，讓我留下深刻印象的事是回家作業的規定。英國中小學相當慎重其事的看待與規畫回家作業，每學期初，學校會邀請教師、家長及學生代表共同討論回家作業的政策。其大部分的學校的規定是：星期一、二是親職教育的時間，由家長及孩子共同討論決定回家功課，藉此讓父母了解孩子的課業，並培養親子情感；星期三、四則是培養孩子興趣、自我探索與獨立思考的機會，由孩子自行根據自己的能力、興趣等，決定功課後向老師報告一聲；星期五是由師生共同討論決定。亦即，從星期一到星期五，沒有一天是由老師統一寫在黑板上。這樣的教育過程，從小讓孩子與父母、孩子與自己、孩子與同學相互討論學習，長時間的醞釀，對孩子的獨立思考、興趣、人際及父母的關係當會有正向與積極的幫助。尤其，學校及老師相信家長及孩子在某種程度上能做好自己的事，是相當重要的信念。反觀國內，回家功課幾乎都是老師統一規定，又怎能適應孩子個別需要？又如何培養孩子自我決定及負責的習慣？更別說提升親職教育的功能！

至於有關培養欣賞能力的方面，羅先生提到他過去長期在歐洲工作的觀察，發現歐洲小學的教育目標把培養欣賞能力當作是相當重要的核心價值，而中學則是以合作能力與團隊精神為教育主軸。他說歐洲地區小學教師上音樂課時，會放音樂給孩子欣賞，並鼓勵孩子發表對音樂的感動，藉此相互分享與感受彼此內心的想法，進而相互欣賞與相互尊重。而我們台灣則是讓孩子上台唱歌，孩子都希望自己唱的最好，得到最大的肯定，於是藉由指責或批評同學那裡不好，來證明自己比較好。因此，孩子從小在競爭過程中，學到的是批評的能力與習慣。我曾經把這樣的觀念分享給幼稚園及國小一、二年級的老師，他們告訴我，的確，幾乎每天一早總會有一、二位同學跟老師打小報告，說某某同學昨天忘記帶什麼，今天又做錯什麼事。我們不也常發現，部分老師會叫班長或其他幹部到講台上登記那些講話或不乖的同學，這樣的過程，不但深化孩子找別人缺點的壞習慣，也在無形中強化孩子打小報告及批評的偏差觀念。學生是老師最好的一面鏡子，如果說我們孩子的胸襟狹小、氣度不足、情緒管理有問題，不也可以反映出老師的部分現狀嗎？

在教育現場不也常發現，老師對學生發言、回答或報告情形的評論，多偏向負面的批評，較少積極的鼓勵與正面的引導。尤其是研究生論文的口試，更是在緊張、不安的氣氛中讓研究生感受到口試委員的威權，而不是長者引導與關懷的風範。長期以來，我們的學生在批評中，逐漸失去了信心，也無形中養成見不得人好的偏差習慣。因此，為了導正過去的陋習，積極建立孩子正確的觀念並養成正向的習慣，在和學生討論上課規則時，會讓同學們針對上述種種論點與現象提出分享，並提供學生各種上台報告與表現的機會，同時，要同學們針對同學的報告練習做口頭或書面評論，從各個角度包括發言內容、態度、台風、音量、口齒、創意、勇氣等等方面去發現同學的優點；對於舉手發言的同學，不論發言內容如何，都應給予熱烈掌聲，而回答「不會」、「不懂」」、「不知道」的同學，更要欣賞他的自我坦白與勇氣，給予鼓勵與肯定。經由上課過程不斷欣賞學生、鼓勵學生，同學們不但發表的勇氣增加，發表的內容也愈來愈精采，更要緊的是，上課氣氛變得熱絡與溫馨。看到孩子們流露出自信與關懷的眼神，我相信這正是我們要培養的孩子。

欣賞是快樂的泉源

教育工作和其它行業最大的不同，在於對象的差別。水果商可能會拼命的在箱子裡頭挑出不好或不新鮮的水果，把它丟掉；雕刻師父可能獨具慧眼而把朽木摒棄；馴獸師也可能根據豐富的經驗把體格不良的馬兒淘汰。但老師面對的是具有可塑性及發展潛能的孩子，必須盡最大的努力，幫助孩子快樂學習，找到人生方向。因此，即使面對不聽話、不用功、說謊、逃學等類型的孩子，老師依舊要秉持教育的理念循循善誘，給予關懷、接納、包容與引導。這或許是老師最大的無奈，但卻也是教育工作最大的價值。在《猶太人的家庭教育觀》一書中，提到猶太人的父母並不期望自己的孩子成為優秀的孩子，而是成為與眾不同的孩子。他們認為每個孩子都有存在的意義與價值，只要能自我肯定，找到人生方向，就是最好的人生。為此，鼓勵孩子、欣賞孩子、肯定孩子就是給孩子最好的禮物，也是幫助孩子發展最重要的關鍵。在《聰明的笨蛋》一書中也提到「人們會不會學會世間沒有任何不同的平等，只有一個平等，那就是每一個人都有成為自己和作他自己的權利。實際上，這就意味著接受他自己的與眾不同，並且讓別人也接受這一點。」德國詩人歌德則說：「我們不能一廂情願根據自己的觀念來訓練孩子，我們必須把孩子當成上帝的賞賜，接納他們，愛護他們。」這就是欣賞的最高意境。

試想，一個從小眼盲的人，對於人事物沒有任何美醜的差別，因而不生分別，這些人所能感受的就是純潔良善的心，誠如《小王子》書中，狐狸送給小王子的秘密：「最有價值的事物不是眼睛能夠看到的，而必須要用你的心去感受。」當我們用心欣賞，才能用心感受、用心聆聽、用心品味，在人與自己、人與人、人與周遭、人與事物間會產生緊密的連結與互動。因此，具有明亮眼睛的人，如能藉由眼睛的欣賞，內化為心靈的感動，當使我們用積極正向的角度去除偏見、面對一切、接受一切，自然達到「賞心悅目」或是「悅目賞心」的快樂意境。

（本文原刊載於《師友月刊》，民國91年5月，第419期，p.67-70）

培養好習慣創造好人生(三)

說話是多數人與生俱來的本能，但要能說出溫馨、感人、激勵人心的好話，卻是需要不斷的學習，才能成為生活習慣的一部分。不懂如何說話的人，一開口便易出錯，引起紛爭。因此，懂得什麼時候說什麼樣的話，是一種智慧，也是一種藝術。

口說什麼話

在生活中，每個人嘴巴吃的是好的食物，但我們是否因為那些好的食物而說出好聽的話、感動的話，還是批評、責備、要求的話？在幾次和大、中、小學生的對話中，請他們思考類似的問題，結果讓人感嘆的是，大部分的學生都說嘴巴說的是批評、責備的話比較多。問他何以致此？一位國中生無奈地答以：「每天回到家裡，父親總是一再責備：『功課那麼差，以後能當個工人就不錯了。』母親也說：『連家事也不會做，以後當乞丐好了。』而進到教室，老師則詼諧的提醒：『你們這些成績差的同學，只要不做壞事，就很阿彌陀佛！』」這些同學反問我：「你覺得這些話聽起來會好聽、感動，或是難過、打擊？」是的，這些消極指責的話語，的確令人洩氣。試想，我們有多少的孩子在無謂的挑剔中，逐漸由希望轉為失望，最後到無望、絕望的地步。在物質富裕的社會，伴隨著佳餚美食入口下肚，我們能否好好品味「良言半句秋冬暖，冷語一句六月霜」的意境，養成口說好話的能力與習慣？

好壞一句話全在習慣間

日前搭電聯車至新竹參加親職教育講座活動，正當閉目養神之際，突然聽到一段精采的勸人話語，讓我睜大雙眼，注視著這令人感動的情境。原來是電聯車上負責清潔工作的中年婦人，看到一位年輕的小姐將只吃不到一半的麵包丟到婦人手中的清潔袋裡，眼尖的婦人馬上用溫和卻略帶堅定的口吻告訴小姐：「小姐，我是負責清潔垃圾、收垃圾的工作，你這麵包不是我要的垃圾，請你拿起來，餓了還可以吃，丟了真可惜！」只見那裝扮時髦的小姐紅著臉，頭低低的撿起剛丟棄的麵包，趕緊放進了手提袋。這短暫的畫面，讓我震撼；這位婦人惜物的傳統美德，令我動容；而她用溫和的語調勸導一位陌生的小姐，展現了直樸、寬大的包容性，更是值得激賞。回想昔日，父母總是慈祥的告誡：「好吃的東西，不能浪費」，如此諄諄教誨的言教，讓我們從小養成掉落的一粒飯，一定撿起吃下，碗裡頭的飯粒也是一粒不剩。

而當火車到站，乘客匆忙下車之際，一陣尖銳的聲音在周遭響起。原來是一位小弟弟因為急忙下車，忘了帶走放在座位上的小背包，剎時，只聽到小孩媽媽一邊急切的責罵：「你這個笨蛋，只顧在車上吃東西。一下車，什麼都忘了！」一邊趕緊跳上車拿著小背包又匆忙的跳下車，還不忘順手拍了小孩的背部並語帶威脅的告誡：「下次不帶你出來了！」只看那可能只有幼稚園大的孩子，露出一副無奈驚恐的樣子，真想過去安慰他兩句。

某個星期日帶著小女與內人到國父紀念館觀賞展覽，就在西側門入口處，看到一位年約十歲的小女孩神氣活現的在溜冰，不一會兒竟溜進了一樓的入口處，小女看到後，帶著羨慕的眼神說：「好厲害喔！」但一句刺耳的聲音，讓我們頓時吃驚。原來是警衛先生發現小女生溜進館裡，突然板起臉孔大聲的吼叫：「再不離開，就把你趕走。」只見小女生面帶驚慌、無辜的溜了出去。真希望那一句嚴厲的斥責、粗魯的態度，別嚇壞了純真的孩子！媒體曾經報導一位殘障的賣花婦女（左半側先天性肢體殘障），戴著斗笠，頂著太陽，一跛一跛的奔波在車陣中，她秉持「慈悲看人生，相遇即有緣」的心情，每遇一位司機，都含笑說聲：「祝你平安大賺錢」，這種祈求客戶有好運的心念，使她在烈日照射下依舊喜悅自在。

白雲禪師在《清靜般若》一書中提到：「會說話的人，語音平和，具親切感；言辭扼要，具明確性；語意周詳，具說服力。」從嬰兒牙牙學語迄今，我們說過多少的話，但試問我們果真是個「會說話」的人嗎？「病從口入，禍從口出」乃古明訓，生活在現代社會的人們，對於如何加強飲食健康（口入）可謂盡心盡力，但對於口出的部分，卻似乎仍有很大的努力空間；小時候農村生活，左右鄰居來往穿梭，常會有婆媳間的閒言閒語，弄得氣氛猜疑、緊張，家母則常提醒那些口說是非者「好也一句，壞也一句，各修各得，何必傷神造口業」。於此，看似簡單的幾句話，不也道盡人生是非百態嗎？

同理的語言是最佳的安慰劑

在師資養成教育過程中，教育心理學是必修的一門課。其中有關同理心的討論與應用則是攸關教師能否展現包容、關懷與解惑的重要關鍵所在。張愛玲曾說：「只有了解才會有慈悲。」此之謂了解即是同理心運用的起始。當教師能真正了解學生的問題、苦痛與無奈時，才能感同身受，設身處地的協助孩子找到合適的解決方法。但綜觀教育現場，又有多少教師能掌握同理心的精髓，進而善用於處理學生的各種事件？從部分師生衝突及學生受侵害事件，可以明顯的發現，其真正的原因在於教師無法同理孩子的種種言行舉止，以致用一般的方式苛責孩子，造成諸多的冤屈。記得，有次親職講座後，一位年輕的母親舉手發言，她說：「我有一位國小二年級的小男孩，非常調皮，每天放學回來，都嚷著說：『學校好好玩，上課好有趣。』但他的級任老師請了二個月的產假，孩子放學後只是不斷的問我：『我的老師什麼時候回來，我好想念她！』我告訴他：『老師要請二個月的產假，你在日曆上算看看，哪一天是二個月後？』孩子天真的在日曆上註記老師回來的那一天，每天都期待著那天的來臨。當這天來到時，孩子早上起得特別早，拎著麵包及豆漿到教室興奮的等待。直到整潔工作時間結束，老師都沒出現，孩子耐不住地衝到校門口徘徊。當他看到一部黑色轎車停下，眼睛為之一亮，他的老師穿著亮麗的衣服下了車，孩子天真的衝過去跟老師說：『老師您終於回來了！』只見老師板著臉孔答以：『對，我回來就是準備修理你！你知不知道在我請二個月產假期間，代課老師每週六都打電話給我，告訴我你如何頑皮、如何遲交功課？還質問我：『你以前是怎麼教的？』你讓我覺得很沒面子。」那位母親說到委屈處，不但語音哽咽，淚亦潸然落下，令在場的許多媽媽們為之慨嘆與動容！那位媽媽說，從那天起，孩子回家只是垂頭喪氣，不斷的纏著媽媽說：「我的老師不愛我了，可不可以幫我換班級」，純真的孩子、滿懷希望的母親，就在老師一句無心之話語中，跌到深淵。捫心自問，像這樣話語傷人的案例，在我們的教育園地，難道只是一個特例嗎？我們的老師受過專業的教育，為何在言語上無法表現出專業的行為？如果那位老師看到孩子天真的等待與熱情時，能給予正面的回應：「某某，謝謝你對老師的關心，老師也好想念你們，我們一起進教室吧！」孩子的童心與希望可能因為這即時的肯定與讚美隨風飛揚。

大部分的教師都知道同理心的內涵與精神，但如要能習慣地妥切運用在教育過程中，是需要教師不斷地深思、體會與練習。因此，為讓學生感受說好話的重要及聽好話的感動，進而培養學生說好話的能力與習慣，在和大學生上課的過程中，我會讓同學自行設計不同的案例，練習寫出、說出同理與感動的話，以達到溝通與安撫的功能。在同學們不斷的對話中，大家分享內心的世界，並敞開胸襟去體會如何善用同理的語言和孩子及家長作良性溝通。

以學生打架的案例來探討，我曾聽一位老師忿忿不平的抱怨學生家長的無理，原因是這樣的：有位學生常打架鬧事，有一天把同學打傷了，老師心急的打電話告訴學生家長說：「你的孩子今天又打架，而且把同學打傷了！」家長馬上冷冷的回以：「老師，我的孩子在家裡都不打架，到學校卻拼命的打架，一定是因為老師沒教好，老師是不是應該自我檢討一下？」試想，這樣的對話，能達到幫助孩子改過與成長的目的嗎？那位老師的不平，看似有理，但是否也應自我反省，為何會引起家長的不悅與反彈？我看到同學們針對學生打架案例幾經討論後所做的同理的對話，確有令人驚嘆的感動。針對打架的學生，同學是這樣說的：「孩子，老師相信你不是一個喜歡打架的學生，老師知道你一定受到了委屈，你是被逼的，受傷了沒有？讓老師看一下。你願意把整個事情的經過讓老師知道嗎？……」而針對打架學生的家長，同學們在電話中會如此說：「某某家長，您好！小明近來上課愈來愈專心，禮貌也愈來愈好，他已經不斷的在進步當中，真是個努力學習的孩子，您們的家教很成功，謝謝您！不過，我想要告訴您，小明今天在學校發生了一件小事，把同學打傷了。……」面對父母離婚的學生，老師如能也同理感受孩子的悲傷、恐懼與擔心並試著說：「老師知道你很愛你的父母，老師也相信你的父母也很愛你。父母分開了，老師可以感受到你有許多的傷感，但父母分開一定有他們不得已的苦衷，如果父母分開後可能會過的更好，你願不願意試著去體諒他們、接納他們？你願不願意勇敢的照顧自己，做個好孩子，好讓父母安心？……」針對以上的同理對話，曾經請教過許多家長及老師，他們大都一致的表示較能感受老師的用心，也較願意配合老師一起教導孩子。培根說「知識就是力量」，但我認為只有讓人感動，才能產生正向的力量，而一段同理、溫馨的話，能安撫頑劣動盪的心靈、撫平脆弱無助的傷口，也能激勵消頹失志者於一萬，我們能不好好培養善用同理語言的能力與習慣嗎？

正向肯定的話是最好的催化劑

一般而言，積極樂觀的人較能從正向的角度去面對逆境，也較能用肯定幽默的語言轉化尷尬的場面，進而引導情境往正面方向發展，這是一種能力也是一種習慣，更是讓個人在逆境、頹喪中超越的催化劑。在影片「讓愛傳出去」（Pay it Forward）中，老師席米納出了一個額外的功課「Thinking of an idea to change our world and put it into action」，讓學生去思考，並引導學生透過討論，如何去做。當學生一個個表示這是一件困難、無聊的作業時，老師不但沒有不高興，反而面帶微笑的提醒同學：「想看看，可不可能？」由此，激發學生再從正面思考，終於得到許多精采的點子。而影片中女主角艾琳因為和孩子崔佛發生爭執，孩子被打了一巴掌後蹺家了。艾琳情急之下於三更半夜電話向崔佛的老師求救，請他開車陪她去尋找孩子。在車上她沮喪的告訴老師說：「我的朋友都是酒鬼，我也是酒鬼。」這樣的情境，在教學過程中不也常出現嗎？學生可能因為成績達不到老師或父母的要求，而無奈的說：「老師，我每次考試都不好，我是個笨蛋。」身為教育工作者聽到孩子發出無奈的聲音，究竟應如何回應？才不致讓孩子覺得他是個沒有希望的孩子。當席米納老師聽到這位媽媽略帶懺悔的語言時，他正視她說：「你應該是在戒酒中！」這樣的對話，給對方自尊、信心，也給對方一個引導，導致艾琳向孩子認錯並請求支持戒酒。藉由正向的對話，引導個人向上的動力，是教育工作者多麼需要具備的能力與習慣！再看影片中一位流浪漢受到崔佛的感動，也試著學習傳播愛的行動，有一天，衝到吊橋上勸一位準備自殺的小姐，他略帶調侃的神情告訴她：「一分鐘前，我腦海充滿注射毒品的影子，但一看到你，全身毒癮就消失了。你願意陪我喝一杯咖啡，救救我的生命嗎？」此等激發對方價值的對話，終於讓小姐打消了自殺的念頭，這又是一種多麼令人感動的說話藝術！

曾經聽一位媽媽提及，她念高中的孩子平常調皮好動，有一天放學回來，難以啟齒的跟她說：「媽媽，我晚上想跟朋友一起去飆車，可以嗎？」這位媽媽剎時滿臉狐疑，本想給孩子一頓教訓，但心想，孩子願意告訴他內心的話，算是難能可貴。如果因此責備他，以後，可能就聽不到孩子的真心話了。於是，她深深的吸了一口氣，面帶微笑的告訴孩子：「孩子，你願意把心裡的話讓媽媽知道，真是勇敢誠實的孩子，媽媽感覺受到尊重，也很窩心。飆車的人大都具備勇氣與冒險的特質，這也是個人成功的重要條件，媽媽相信你是有希望的孩子。不過，你看看，從許多的報導中，那些因為飆車出事的孩子，常造成自己、家庭及無辜的第三者多少的不幸？你是位善良的孩子，相信不會讓媽媽擔心，也不願意其他人受到傷害。」經過這一連串的對話，孩子竟然難為情的向媽媽說聲道歉並放棄飆車的念頭，還協助勸導其他同學。這位媽媽平時就有積極正向的說話習慣，一旦遇到棘手的事件，自然能說出智慧的話。一句正向肯定的話，如暮鼓晨鐘般驚醒迷途的羔羊；也似清晨曙光帶來希望的亮光。身為教育工作者，我們不也應好好感受、練習一番嗎？

口說好話美化人生

說話是多數人與生俱來的本能，但要能說出溫馨、感人、激勵人心的好話，卻是需要不斷的學習，才能成為生活習慣的一部分。不懂如何說話的人，一開口便易出錯，引起紛爭。因此，懂得什麼時候說什麼樣的話，是一種智慧，也是一種藝術。證嚴法師提醒我們：「要感謝扯你後腿的人，因為他可以訓練你的腳勁，讓你走的更遠。」當面對批評、攻擊時，好好品味這句話，可以很快的清醒過來，坦然的接受一切。基此，一句話可以點醒一個人，但我們是否能在重要關鍵時刻說出溫馨的一句話？日本「五體不滿足」的孩子乙武洋匡出生時五體不全，醫生擔心她的媽媽看了昏倒，於是便謊稱乙武洋匡得到黃膽症，需要接受治療。一個月後，醫護人員陪著他的媽媽探視孩子，媽媽看完之後說了感人的一句話：「感謝老天爺給我一個特別的孩子，好可愛！」讓所有的人都為之動容，也因為這句話，讓乙武洋匡在關愛的環境中不斷的成長。

教育的目的是希望培養健康快樂的孩子，但在傳統的教育文化中，我們可以發現，師長們常在「恨鐵不成鋼」及「為你好」等一廂情願的心態下，對於孩子的若干非預期性的表現或缺失，會予以當頭棒喝。因此，在責備、要求等上對下強制性的對話或命令中，容易造成孤立、冷漠的氣氛。孩子也常因而受傷或因受感染而養成挑剔、批評的毛病？這是教育工作者的盲點，也是我們的不良習慣。蘇格拉底說：「當你發脾氣時，記住關閉你的嘴巴，免得增加你的怒氣」，不也提醒我們「用氣」說話，是得不償失且傷人又傷己的迷失嗎？我們也常說「一柱清香不如一句好話」，因此，練習自己「好的口頭禪」，養成說好話的習慣，常能有「一句解千愁」之功效，此等「用心」說話的效益，我們能不好好努力嗎？

（本文原刊載於《師友月刊》，民國91年6月，第420期，p.82-85）

愛是多一點的了解

人類最初始的教育，具有鼓舞、引導、激勵的增強作用，讓純真無知的嬰兒，在舉步維艱中邁向人生大道。這樣的愛，滲入孩子的心坎，能安撫孩子探索環境所衍生之恐懼，也能補充孩子成長所需之精神糧食。這樣的愛，看不到、摸不到，看似平淡，卻潛藏著無以估算的價值。

每到聯考的季節，孩子的臉龐總是繃得特別緊，感覺有讀不完的書，腦袋瓜裡，除了文字、數據，好像再也沒有任何空間容納其它的東西；老師的心情，也似上緊發條般的急切，總覺得有複習不完的考題，恨不得用最快的方法把所有知識灌輸給孩子；父母的叮嚀有如梅雨季節滴答不停的水滴，敲打著孩子無奈又惶恐的心靈。這樣的情境，讓原本充滿活力、多采多姿的學生生活，滲入幾許焦躁不安的氣氛，也讓炙熱的豔陽，增添不少的焦味。看那填寫志願的桌案上，父一句「那個學校名氣好」，母一句「那個科系有前途」，夾雜著此起彼落親朋好友的電話叮嚀，孩子的心聲、孩子的興趣、孩子的志願，卻在多少大人的好心關懷中，逐漸的流逝。究竟是誰要唸書？究竟是為何念書？多少可憐的孩子，在無數莫名的外在期許中，走不出父母的框框，穿不透世俗的枷鎖，無從找到自己的志願，而無奈與心酸便成為孩子心中的常客。當父母的愛、學校師長的期望、周遭親友的關懷，沉重得讓孩子喘不過氣時，我們是否該好好想一想「愛是什麼？我們真的了解孩子、尊重孩子嗎？」

了解才能接受

近來，一位朋友的孩子從醫學院畢業了，父母期待著參加畢業典禮的盛會，那是多大的榮耀與光彩。但孩子卻在畢業前夕，縮頭縮尾地告訴陶醉其中的父母：「我要畢業了，可以滿足你們的期望與心願，你們可以告訴親朋好友，有一個醫學院畢業的孩子。但從今天起，我要做想做的事，我要過我想過的生活，我整整等了七年，我再也不想對不起自己，請你們不要再逼我。」簡短的幾句話，讓這對父母如坐雲霄飛車般頓時陷入驚恐與不安。這樣令人捶胸頓足的案例，屢見不鮮，但為何總是一幕一幕的複製上演？

老師在教學的過程中，經常會問孩子「了不了解？」或「懂不懂？」老師的用意是希望藉由這樣簡單的調查與對話，掌握整體學習狀況，並從中發現個別問題，作為改進教材難易、教學進度、教學方法之參考。這樣的「了解」過程，對了解孩子的認知學習，可能有某種程度的效益；但對孩子學習的心理反應及情意的陶冶，功效似乎不易彰顯。在教育現場，經常會聽到孩子無奈地發出「老師不了解我」的心聲。的確，每個孩子都有不同的內心世界，都有不同的家庭背景，光從孩子的成績、外表，不容易了解孩子的苦悶、心酸、委屈與需求。

一般說來，孩子如有身體的障礙或缺陷，較能引起老師的關注並予以適切的了解與協助，因為老師的「了解」，孩子才能獲得接納與包容。但孩子的行為，隱藏著許多不為人知的因素，老師如果沒有仔細觀察、耐心探索，就無法進到孩子的內心，如此一來，因為不夠了解，可能產生種種的誤解，甚至傷害的情形。曾有一位老師感嘆的說到，班上有位孩子的父母因感情不睦離婚了，老師知道後，為了表達對孩子的關心，上課時，向全班同學說：「某某同學的父母離婚了，從今天起，他是一個單親的孩子，同學們要多關心、鼓勵他，跟他做好朋友。」老師的話剛講出口，便發現那位同學低頭含著淚珠，久久無法抬頭。頓時，那位老師發現，自己的粗心，傷害了孩子的自尊。老師沒有經過父母離異的錐痛，過去也沒有處理類似情形的經驗，所以，無法了解孩子的感傷與無奈，原本一份好意與關心，卻落得孩子又一次的傷痛。作為現代的教育工作者，面對一批批純真無邪的孩子，如果不能深刻的體會、了解孩子的內心世界，並感同身受，又有誰能保證下一個受傷害的不會是我們自己的孩子呢？

每學年結束、新學期的來臨時，部分老師可能被安排帶新的班級。作為專業的教育工作者，面對陌生的名字、全新的面孔，能做些什麼準備？能從哪些管道蒐集孩子的相關資料？如何善用獲得的資訊了解孩子的特質及個別差異？在專業自主的聲浪中，有許多學校會規範老師在開學前一週返校準備新學期的課程、教學進度及教材教具，這些有形的東西，容易規畫安排，但影響孩子學習的種種資訊，諸如家庭背景、成長歷程、學習經驗等，卻很少受到重視與關注。因此，許多孩子既存的問題就在不經意間被忽略，而不斷的成為孩子揮不去的夢魘；即使部分用心的老師能事先獲得孩子行為偏差等資訊，卻也常在不知如何運用的情況下，失去預防的先機。日益嚴重的青少年問題，已引起社會大眾關注，我們承擔艱鉅的任務，希望循循善誘，引導迷途的羔羊，但捫心自問，當一再的聽到老師抱怨孩子難教，批評父母卸責時，我們真的了解其中的原委？真的接納這些無可迴避的現象嗎？在教導孩子的過程中，我們真的了解孩子、接納孩子嗎？面對一連串的教育改革與青少年問題，或許有人選擇逃避、視若無睹，但在生命共同體的大熔爐中，真能獨善其身、心安理得嗎？如果我們能深切了解生命的意義與價值，選擇積極面對，認真思考教育工作的本質與使命，內心將會燃起多大的希望、激發多大的衝勁與向上的動力？

了解才能肯定

從許多的研究與觀察，一個人要能在工作中找到快樂，全心投入，除了本身的能力、興趣、同儕互動及工作環境與挑戰性等外，尤為重要的是，能否真正了解工作的意義、目的與價值。當前急遽變遷的社會及一連串教改列車的啟航，已使保守封閉的校園，掀起一陣陣變革的漣漪，習慣於傳統師生關係及教學模式的教師們，在無法抗拒的改革洪流中，感受到莫名的壓力與惶恐；家庭功能的式微及學生次文化的多元發展，教師所要承擔的責任更加艱鉅，有許多教學以外的工作需要教師付出更多的心力，諸如學生偏差行為的輔導、弱勢家庭的關懷、學生家長意見的溝通等，都可能讓教師疲於應對而有力不從心之感。面對這些變革與衝擊，部分無法及時調適的教師們，屆齡者可以選擇退休；未達退休條件者，可能無奈地等待，默默的忍受，只好當一天和尚敲一天鐘，也可能以不變應萬變，渾渾噩噩地得過且過，繼續誤人子弟。當前的教育園地，就在變與不變、退與不退、抗拒與接受、面對與逃避的拉鋸過程中耗損了許多教育的資源、削弱了教育發展的生機，也讓教育園地在詭譎氣氛中大傷元氣，而真正損失的是那些需要關懷的莘莘學子。

一般而言，私立學校的軟硬體設施及經費、人力等與公立學校相較，總覺有所落差；部分私校高中職招收的學生，素質更是令人搖頭。但每次和那些在私立中小學服務的教育同仁分享教育的種種現狀時，卻感受不到他們對學校環境簡陋的抱怨，也聽不到他們對學生程度低落的苛責。他們所感激的是，藉由政府推動多元化的師資培育政策，才能有機會在社會上繞了一大圈之後，進入令人羨慕的教育園地。雖然私立學校的經營較為困難，工作負荷也比公立學校來得吃重，但只要能看到學生在耐心的教導中逐漸進步，心中常有莫名的感動，讓自己陶醉其中。這些老師所處的環境，更為艱困與不便，但能鼓舞自己盡心盡力的付出，也能盡情的樂在其中，最大的關鍵是他們了解到工作得來不易、感受到孩子需要被關懷的渴望、體會到引導孩子成長所帶來的喜悅。

公私立學校的老師，接受同樣的職前教育，面對的同樣是需要關懷的孩子，但卻可能因為對工作抱持不同的認知、態度與信念，產生不同的結果，教育工作者能不引為警惕嗎？在教改列車的牽引中，應付、敷衍的心態是否讓我們渾沌迷惘，再也停不下腳步思索教育的目的、意義與價值？在各界期許與批評中，我們是否失去教育專業的信念，逐漸沉淪而不自知？親愛的教育朋友們，打起精神，定神凝視，回想當初決定從事百年樹人大業的初衷與期許，回想首次獲聘任教的喜悅與激動，更試著放眼眺望十年、二十年後，一批批精心栽培的幼苗儼然成為社會的棟樑，也成為我們安養老年最大的支柱，此時此刻，我們能不好好自我肯定、努力珍惜、積極付出嗎？

了解才能尊重

家庭是孩子早年成長的溫床，父母是第一位老師；學校則是他們學習生活知能、培養群體意識、促進身心健全發展的重要基地，而老師則是協助孩子蛻變成長的領航員。孩子來自不同的家庭，有不同的特質與天分，有不同的性向與潛能，有不同的需求與發展。在教育過程中，我們一再強調因材施教、適性發展，就是希望能配合孩子的身心發展與潛能，提供合適的教育機會與內容，才能行行出狀元；而為關懷弱勢族群及文化不利的孩童，政府也推動了一系列教育優先區等促進教育機會均等之補償措施。但觀察教育現場，老師真的深入了解每個孩子的背景，提供合適的需求嗎？老師真的相信行行出狀元，配合孩子的身心發展，尊重孩子的興趣與選擇嗎？老師真的了解孩子行為偏差、成績低落的背後原因而給予尊嚴的關懷與協助嗎？

多元智慧理論告訴我們，每個孩子都具備八種以上的智慧，只要能提供孩子自我探索與發展的機會，每個孩子都可以把潛在的智慧發揮得淋漓盡致。在教育的過程中，老師們幾乎都學過如是的理論，但真的了解它的精髓與內涵嗎？從教育現場我們很容易發現，太多孩子被不當的期望，因為老師沒有完全掌握多元智慧的精神，無法肯定孩子課業以外的其它智慧，因此，孩子在內、外衝突中，顯得矛盾與困惑。尤其部分肢體語言智慧特別高的孩子，更可能在父母不認同、老師不鼓勵的情況下，面臨內在心裡的煎熬，失去學習的樂趣。在去年母親節前夕，為了讓學生能感念母親的辛勞與偉大，我要大學體育系的學生上台說出對母親感恩的話，但讓我大為吃驚的是，同學們幾乎一致的表達過去在學體育的過程中，不是被母親嘮叨貪玩不用功，就是被認為頭腦簡單，甚至沒前途，這些負面的批評，等同於否定這些孩子的興趣、潛能與希望，同學們如出一轍的大肆批判母親不了解、不關心，各個像洩了洪似的大吐苦水，何來感恩之有？這樣的情景，雖令人感慨，但其中隱含什麼樣的意義？對教育工作又有什麼樣的啟示？我們能不深切反省嗎？

在倡導教師的專業自主意識中，相關教育改革方案的研議、學校校務整體發展計畫的釐定、教科書的選用、課程的安排等，都必須提供教師充分表達意見及參與決定的管道，但要能有效建立專業自主機制並健全運作，教育工作者必須對專業自主的意涵有充分的了解，並確實尊重專業自主的理念與倫理規範，才能在實際參與過程中落實教育專業自主的精神。但捫心自問，在傳統與現代不同模式的交替衝擊中，老師真的秉持專業自主的精神，展現專業的素養？還是藉專業之名行自主之實？我們期望社會各界多給老師掌聲、鼓勵與尊敬，因為我們了解老師做的是百年樹人的大業；我們期望老師能適時關心、勉勵、引導孩子，因為我們知道孩子即將成為未來社會的中堅、國家的棟樑。是的，因為了解，一切的事物變得有生命、有活力、有希望；因為，我們尊重它的價值與意義。

了解才能慈悲

過去，農夫種稻，並沒有先修習種稻的課程，但從許多老祖宗的經驗傳承，他們學會隨著季節的變化而有不同的作法。他們經常巡視稻田，適時引水灌溉，提供稻子成長所需之水分；也適時在水田中疏濬稻渠，排去田裡的水，等待稻子的成熟；遇到稻子生長不好，不但不會抱怨、批評或責怪稻子，反而會更加思索如何改善土壤、如何除草、如何施肥、如何防患蟲害。他們用盡心思，提供稻子成長所需之良好環境，以無比的耐心期待稻子的豐收。因為他們了解，只有如此才能真正幫助稻子成長，也才能不斷改善環境、創新品種，這種對稻子真正的愛，源自於農夫們對稻子成長歷程需求的了解。也因為這樣的了解，使他們能不怨天尤人，安守本分，扮演好農夫的角色。每到收割的季節，那一串串金黃色低垂的稻穗，蘊涵著農夫多少的巧思、關愛與期待；這些種稻的大師，在熱情陽光的親吻下依舊默默的以汗洗臉，心中等待的是晚霞伴隨陣陣的微風撲面，就能紓解白天豔陽的暑氣。

試想，父母在教孩子學走路時的情景，不也像農夫種稻的心情，期待中充滿著喜悅。嬰兒經歷爬行，逐漸嘗試站立開步走，看到孩子跨出一步的那一剎那，是多麼的驚奇與喜悅，那是孩子人生的第一步，雖是搖晃、蹣跚，但看在父母眼中，卻是無比的驕傲與期待，總是帶著興奮、肯定與讚美的神情給予最大的支持與鼓勵，因為做父母的深信孩子下一步一定會走得更平穩、走得更自在。這樣的信念，來自於人類千百年來的經驗；這樣的引導，促使孩子在跌跌撞撞中自我探索、自我練習、自我超越，其中，有初次跌倒時的惶恐與不安，有跌坐地上時短暫的疼痛，但更多的是充滿父母熱情的鼓勵、關懷的眼神及溫馨的擁抱。這些人類最初始的教育，具有鼓舞、引導、激勵的增強作用，讓純真無知的嬰兒，在舉步維艱中邁向人生大道。這樣的愛，滲入孩子的心坎，能安撫孩子探索環境所衍生之恐懼，也能補充孩子成長所需之精神糧食。這樣的愛，看不到、摸不到，似乎平淡，卻潛藏著無以估算的價值。當它開始運行，一股綿綿不絕的力量，足以影響孩子未來的命運。此等偉大的愛，源自於對嬰兒成長的清楚了解，才能耐心的鼓勵、等待孩子的茁壯；也建立在父母正確的信念，才能產生無窮盡的力量。

創世社會福利基金會曹慶老先生，他和多數外省老先生有著顛沛流離的前半生，篤信基督的他立誓「要做別人不做的社會福利工作」。他民國六十九年自台糖公司退休，帶著退休金，告別妻女，開始全省走透透，尋找植物人及請求善心人士贊助，忍受多少的羞辱與冷眼，終於在七十五年十一月租屋成立「創世紀植物人安養院」，發心照顧植物人，親自為植物人料理一切。二十多年來，頭髮全白，皺紋增多，頂著基金會董事長的頭銜，但腳上仍是穿著地攤買的布鞋，身上是一件袖口磨破的舊夾克，「奉獻」早已是他生命的全部。張愛玲曾說：「只有了解才會有慈悲。」曹老先生的慈悲，正是他深刻了解到植物人和家屬的窮苦磨難後，所產生的宏大願力與使命，因為了解而生成的大愛，會在付出過程中帶給個人快樂和希望，也會不斷減少個人的痛苦和災難，它是一種取之不盡、用之不竭的精神糧食，也是開啟人類生命價值的核心要素。黃達夫先生在楊羅珊編印之《我的一畝心田中》提到「只有在你真正了解病人的需求時，才能給予病人最貼切的照顧，才能感同身受，才有心靈間震波的共鳴。」而影片「再生之旅」（The Doctor）中一位外科醫生經歷喉部長癌的種種痛苦與惶恐，深刻體會到所有病患受過的折磨，心中才恍然升起了一絲悲憫的同理心，因為了解讓他產生慈悲。做為教育工作者，如果希望能懷抱慈悲的心腸，必須從孩子身上及所接觸的周遭人事物中積極的關懷，多一點的了解。

愛是真心的了解

曾聽過這樣一個案例，一位幼稚園的小女生，跟隨母親到百貨公司，她看到櫥窗裡展示新的芭比娃娃，興奮的一邊拉著媽媽的手，一邊急切的說：「媽媽，這是新的芭比娃娃，眼睛好大，衣服好漂亮……」話還沒講完，那位等不及的媽媽，便拉著孩子的手，催促著往化妝品的專櫃快步走去。晚上睡覺時，小孩不像平常早早入睡，卻翻來覆去，引起了媽媽的注意。媽媽只是叮嚀著快睡快睡，沉靜了幾分鐘，孩子依舊無法安穩入眠。媽媽再次的催促時，孩子嘟著嘴吱嗚的說：「媽媽，你都不關心我，不了解我。」媽媽頓時愣了一下便說：「你是我的乖寶貝，媽媽最愛你，我怎會不了解你呢？」孩子委屈的把在百貨公司看到芭比娃娃的情形再告訴媽媽，孩子說：「我好想抱一下新的芭比娃娃，我好想有一個，可是你卻拉著我去買你的化妝品，你真的不了解我。」孩子愈說愈傷心，這才驚醒這位粗心的媽媽。

太多的人把愛掛在嘴上，但別人卻絲毫感受不到愛的關懷與溫馨，尤其，教育愛更是我們耳熟能詳的名詞，但它似乎只停留在宣傳或呼籲的口號，而沒有讓孩子感受到愛的行動力量與感動。這樣一個有價值、有意義，象徵人性光輝與甜蜜美好的狀態，存在於生活點滴、緊繫於言談舉止、布滿自然原野，只要我們真心了解，就能心神感受、自然接受，讓它漂浮於時空，滲入於心脾。我們深切相信真正的了解，才有正確的愛；真正的了解，才能產生慈悲；真正的了解，才有生命的力量。

（本文原刊載於《師友月刊》，民國 91 年 9 月，第 423 期，p.65-68）

讓孩子成為真正的主人

學習是連續不斷的過程，過去老師、父母習慣在孩子發問後直接給予答案的教育方式，讓孩子雖然知道了答案，但跳過了學習的過程，如此不僅窄化學習的本質，也剝奪孩子思考的機會；而直接告訴答案的方式，孩子可能失去探索的能力，也可能會因害怕無法達到老師、父母的要求而失去學習的動力。

好好掃去傳統複製的毒素

科技的文明，讓過去的夢幻似可成真；複製羊桃莉的誕生，再度燃起人類無限的生機。試想那異想天開、追求長生不老的的秦皇老爺，如果地下有知，能不嘆哉？「複製人」的議題已經成為當前科技與人倫道德共同關切與衝突的焦點，也可能成為影響人類未來生存法則的關鍵要素，世界先進國家莫不審慎以對。「複製人」可能帶來的衝擊，是立即且顯而易見的，所以能引起廣泛的關注與討論，但在人類歷史的發展中，我們是否也想過許許多多的經驗法則在傳承中不斷的被「複製」？這些珍貴的祖先文明固然引導我們邁向新的境界，但也可能留下許多的「毒素」，讓我們在毫無預警下蓄毒成癮；它可能深烙在我們的腦海與心靈，讓我們一錯再錯而不自知；也可能讓我們庸人自擾，失去生活歡樂，也因而困住了下一代身心發展的空間。這些無形的毒素以成績掛帥、不當期望、自以為是、我為你好、成人中心、知行不一、不良習慣、打罵式的管教等偏見或偏差作法表現於日常生活中，如同玻璃杯中充滿了雜質，倒入任何飲料，都將混濁污染而變質，嚴重的戕害每一個孩子的身心。

就以國內中輟生所衍生的問題為例，渠等層出不窮的犯罪事件已引起社會各界的關注，成為許多教師、家長、學生揮不去的夢魘，也是社會治安的一大隱憂。政府、民間攜手投入許多的資源，但依舊未能全面、有效處理此一棘手的問題。但卻常聽一般教師抱怨「找回一隻狼，帶走一匹羊」，或是「這些孩子本來就不好，何必浪費資源找回來」。我們可以體會部分教師忍無可忍或黔驢技窮所發出的無奈心聲，但仔細探究，其中不也存在著過去偏見的複製嗎？在《逃學的孩子不一定壞》（呂李州譯）一書中，作者北澤康吉及北澤美裟子特別提到逃學的孩子並不一定會壞，這些孩子之所以變壞的原因是學校及成人世界的規範訂得太嚴苛，他們具有不同的能力、不同的行為表現，一不小心就可能觸犯了規定，因而被貼上問題學生的標籤，但如果把規範訂得寬鬆一點，他們將會有更大的揮灑空間。因此，這些孩子就像滿布袋的鐵釘，總會有幾支特別凸出而刺破了布袋，那幾支凸出的鐵釘想當然爾就得面臨被敲打的命運，如果布袋大一點、厚一點，那些鐵釘就會有不同的命運了。面對電腦的病毒，我們會努力的創新掃毒軟體，有效預防並解決病毒入侵的困擾，但面對校園或社會上部分異常（異常表現或異於常人）的孩子，我們是否有心好好掃毒、除毒、解毒，用另類的思考與作法引導孩子向上學習。

勇敢「放下」才能創造生機

在民間信仰中，每到特別節日，總會發現一些信徒帶著烏龜、蛇、鳥或魚等生物，到指定的地點實施「放生」的活動。姑且不論這些放生活動的意義與價值，但仔細思量，「放生」二字卻隱含著「放下得生」的哲理，這對傳統威權、宰制孩子未來發展的管教方式，實有特別值得省思與借鏡之處。在電影「臥虎藏龍」中有這樣的一個情景，男女主角坐在涼亭之中，一片翠綠的竹林伴隨著徐徐吹來的涼風，恰有與世無爭、怡然自得的寧靜，而男主角對女主角說：「我的師父常說，把手握緊，裡面什麼也沒有，把手放開，你得到的是一切！」聽這短短的幾句話，蘊涵著無數的人生哲理，心中有莫大的撼動。是的，當一個人把手握緊的時候，不但無法掌握任何的東西，甚至可能因為握得太緊把手弄傷，也可能傷害別人。這不也意味著當一個人把心封閉的時候，裡面可能只剩污濁的悶氣，這樣的心怎能有活「力」、有朝「氣」？或許當緊握著雙手時，會覺得控制了一切，而有一種空虛的滿足。但最後會發覺什麼也沒有，反而會因為緊握著雙手限制了與人的互動與交流。

想想時下的老師、父母不也常在沉重的十字架下，綳緊著身軀、僵化了心靈，陷入「我為你好」等自以為是的迷思，時時提心吊膽，深恐鬆動了那令人窒息的枷鎖而有愧為人師、為人父母。在日常生活中，常會看到一批批的孩子背著沉重的書包，拎著豆漿、麵包趕著到教室，一到放學的的鐘聲，又得匆匆拖著疲憊的身子接受另類的「填鴨教育」，這些孩子除了成績、升學、成人的期望，似乎不知為何而讀？無知的父母、無奈的老師培育出無心（缺乏快樂心情）、無情（面無表情）的學子，如此沉重的包袱，是宿命抑或囤積已久的偏見在作祟？「放手」、「放心」隱含著給予「自由」、提供「機會」，更象徵著「尊重」與「發展」的生機；而「放下」一詞不也提醒我們把心中的壓力、無奈、私心予以去除？把加諸在孩子身上的種種莫名予以放下？如此，才能讓心靈存有更多的空間，可以自我對流，促進自體的新陳代謝，也可以加強與外在的交流，增益其所不能。

試想，打開雙手便能自信的送出歡笑與善意，開啟心扉也能自在的放下心中一切執著與罣礙，如此簡單的動作，卻有深遠的意義，我們還需猶豫什麼？在極度競爭的社會中，真要為孩子好，必須秉持「關愛而不寵愛」、「關懷而不束縛」、「關心而不憂心」、「自由而不放縱」、「尊重而不干涉」的態度與理念，時時省思並身體力行，才能融化傳統迷思與偏見，帶給孩子新的希望與願景，這不也是我們一直努力想要實現的夢境嗎？

積極轉念才能海闊天空

在現實生活中，挫折、困境就像感冒病毒一般隨時環繞在我們的周圍，想躲也躲不掉。因此，當遇到不順遂的事情時，最常聽到安慰的話便是「人生不如意十之八九」，既然有那麼多的不如意，又何必如此在意呢？換個角度，也有人說人生要常看一二，這「一二」所代表的是希望與存在，更是象徵樂觀的特質。因此，挫折雖無所不在，但它也像一把兩刃的劍，可能在精神上讓人頹廢，也可能幫助個人在逆境中超越，這就端看個人如何面對挫折。我們常說，影響一個人一輩子命運最大的關鍵要素是樂觀和悲觀。樂觀和悲觀係屬人格特質的一種，但從許多心理學的研究，樂觀與悲觀多半是後天環境所造成，對個人的命運卻有深遠的影響；也常聽到人說「命好不如習慣好」，這裡的習慣也就是人格內涵的一部分。所以，要想改變命運，必須先從自身的觀念、行為及習慣等方面下工夫。

為協助教育工作者及家長體會積極轉念及樂觀欣賞對個人的影響，曾經和他們討論「如果孩子放學回來，垂頭喪氣的告訴你，今天數學又考鴨蛋了，怎麼辦？」部分的父母面對這樣的情形，可能一時不知所措，露出焦躁不安與無奈的嘆氣，如此的反應，正如雪上加霜般籠罩在孩子的心頭，孩子可能真的就沒救了；也有些父母會耐心的、緩和的告訴孩子「考零分沒有關係，你還有一百分的成長空間，下次只要考一分，你就進步了，加油！」這樣的語氣與態度能暫時安撫孩子的無奈與惶恐，也能引導孩子一個努力的方向。但以上的對話仍脫離不了傳統的思維模式，僅僅是圍繞在分數上打轉，不易幫助孩子開啟另外一扇窗，也不易感動孩子。如能換個方式引導孩子：「孩子，你真是個有希望的好寶寶。你數學考零分還願意把考卷拿回來讓我知道，顯示你是一位勇敢又誠實的孩子。勇敢和誠實是個人成功最重要的兩個關鍵要素，而你已經具備了，我相信你一定能往成功的方向邁進，好好努力，你真是個有希望的孩子！」這樣的對話，已經超越習慣的思考，不但能安撫孩子，也能幫助孩子找到他的特質，更能激勵孩子在困境中努力向前邁進。試想，同樣的問題，卻因不同的對話而產生不同的結果，這難道不是我們最應省思與努力的嗎？

善用「三明治」才能培養孩子獨立自主能力

「三明治」這個名詞，對一般人而言，或許僅是耳熟能詳的餐點名稱；對教育工作者而言，它也頂多是近幾年來建教合作的學習方式之一。但根據個人教育、輔導的相關理念及多年從事教學與行政的經驗，將三明治的理念與精髓重新統合，賦予新的意涵與定位，發展出一套簡明易行的「三明治的對話與輔導」策略，對激勵孩子信心、引導孩子主動學習、撫平孩子受創心靈頗具功效。所謂「三明治」策略，包括三個步驟，第一個步驟包括二個方法，首先用「同理心」來體會孩子的焦慮與不安，緊接著從欣賞的角度，找到孩子值得讚美與鼓勵的特質並肯定孩子的能力；第二個步驟是要用「問答」的方式，幫助孩子重新自我審視、自我反省、澄清問題與困境，並使孩子勇敢面對問題；第三個步驟是和孩子討論解決問題的可能方法，一方面避免重蹈覆轍，一方面鼓勵孩子做有效的決定。

學習是連續不斷的過程，過去老師、父母習慣在孩子發問後直接給予答案的教育方式，讓孩子雖然知道了答案，但跳過了學習的過程，如此不僅窄化學習的本質，也剝奪孩子思考的機會，而直接告訴答案的方式，孩子可能失去探索的能力，也可能因害怕無法達到老師、父母的要求而失去學習的動力。如果老師、父母能用「三明治」的對話引導孩子，孩子會較願意提出問題，進而在問題中不斷地學習、成長與超越。記得在九二一大地震後，曾聽到一個小孩問媽媽：「媽媽！我好怕地震。是不是所有的地震都發生在晚上？」孩子在大地震時可能受到極大的驚嚇，留下深刻的印象，因此，好奇敏銳地提出這個問題。媽媽露出關懷的眼神並輕聲的回答：「孩子，媽媽知道你內心的恐懼，媽媽也和你一樣擔心地震的發生（同理心）。不過，你這個問題真是太棒了，連媽媽都沒想過（讚美孩子）。你要不要想想有什麼方法可以找到答案呢（引導孩子自己找答案）？」孩子說：「老師曾告訴過我們，百科全書有許多豐富的知識。」媽媽說：「那裡可以找到百科全書呢？」孩子答以：「學校有圖書館，我可以試著借看看。」媽媽說：「很好，你真是用功的孩子（肯定孩子、給孩子信心）！」隔天孩子到學校圖書館，把百科全書找出來查了又查，有關地震發生的原因等等，都一一記錄下來。他終於在好奇、發問、探索、引導過程中學到地震的相關知識，並高興的和媽媽分享。在這過程中，媽媽並沒有給孩子答案，而是用同理、鼓勵、讚美、誘導的方式，培養孩子主動蒐集資料並獨立解決問題的能力。這樣的對話不是現代教育理論所主張、教育工作者所念茲在茲的嗎？

從尊重中肯定孩子的價值

好奇是孩子與生俱來的本能，也是孩子主動探索外在事物的重要因素。藉由好奇心的驅使，孩子會不斷發現問題、提出問題，而藉由成年人的耐心傾聽、積極接納、適度尊重與經驗分享，孩子才能澄清疑問並培養解決問題的能力。人的心就好比冰山一樣，浮在水面上的只有十分之一（意識），剩下的十分之九都隱藏在水面下（潛意識），孩子的心不也是如此嗎？純真、善良，但想法卻是多元、具創意的。孩子的任何想法都值得關注與分享，孩子願意開口表達，更是生命力的展現，即使他提出的問題是那麼地粗淺乏味、他的想法是如此地不切實際、他的行為是那般地不可理喻，它終究像盧梭所言「我雖未必出類拔萃，但一定是獨一無二」。面對多變的社會、多元的價值、多重的競爭，唯有「尊重」，才能讓孩子將內心的想法展露於外；也唯有如此，才能讓孩子習得「尊重」的能力與特質，進而願意表現出「尊重」的行為。所以，當孩子說：「老師，我真的不想說時」，老師必須尊重孩子的決定，循循善誘；當孩子說：「老師，我真的不懂時」，老師更要能肯定孩子的勇氣，並予以耐心的教導；而孩子放學趕補習班前，跟媽媽說「我肚子不餓，不想吃東西」，媽媽要能聽出孩子的心聲並予以尊重，否則強逼孩子，會惹得彼此都心煩。「尊重」看似簡單的字眼，但在傳統教育中，卻少有討論，更遑論形成一股文化，身為現代的知識份子，能不引以為戒，多加惕勵嗎？

「自己的孩子永遠是最好的」，這句話代表著父母對孩子的肯定，也隱含著父母對孩子無限的期望。但實際是否如此？從父母拿孩子成績與人比較、對孩子行為挑剔、掛慮孩子生活起居、擔心孩子未來前途等等，都可以發現父母心中存在著許多的迷失與矛盾，「自己的孩子永遠是最好的」成為最大的諷刺與口號！試想，如果父母都不能肯定孩子，又如何能支持孩子？如果孩子無法感受被尊重與被肯定，又如何能懷抱希望、展現自身價值？國內有位自小就染患腦性痲痺卻榮獲美國加州大學藝術博士學位的黃美廉小姐，自幼她就活在肢體不便及眾多異樣的眼光中，成長的道路布滿荊棘，也充滿了血淚，而任憑這些無所不在的痛苦，也無法擊垮她內在奮鬥的動力。她接納自己、坦然面對，信心滿滿地迎向一切的橫逆。她用手當畫筆，以色彩傳達「力與美」，並自在、燦爛的「活出生命的尊嚴與價值」。曾看過一篇報導，描述黃博士演講的情形，在那次的講演中，許多的人都被她不能控制自如的肢體動作震懾住了。演講後，一個學生小聲的問：「妳從小就長成這個樣子，請問妳怎樣看妳自己？妳都沒有怨恨嗎？」黃美廉用粉筆在黑板上重重的寫下「我怎樣看待自己」這幾個字。之後，她停下筆來，歪著頭，回頭看著發問的同學，然後嫣然一笑，回過頭來，在黑板上龍飛鳳舞的寫了起來：「一、我好可愛！二、我的腿很長很美！三、爸爸媽媽這麼愛我！四、上帝這麼愛我！

五、我會畫畫！我會寫稿！六、我有隻可愛的貓！七、還有……」忽然，教室內一片鴉雀無聲，沒有人敢講話。她回過頭來定神的看著大家，再回過頭去，在黑板上寫下了她的結論：「我只看我所有的，不看我所沒有的。」剎時，掌聲由學生群中響起，看看她傾斜著身子站在台上，滿足的笑容，有一種永遠也不被擊敗的傲然，寫在她臉上。想想我們的孩子擁有的可能比黃博士多上幾倍，但是否能如她般接納自己、珍惜所有、活出尊嚴、活出希望？

於此，以千元鈔票的價值來闡明個人價值之不可替代性，試想一張新的千元鈔票代表著千元的價值，如果把它揉成一團，是否有損它原來的價值？這個簡單的問題，相信顯而易懂。不論如何去摺、揉這千元大鈔，只要能讓人認清它是千元鈔票，絕對沒有人可以貶損它的價值，它依舊會是人見人愛的鈔票。同樣的，在孩子成長的過程中，有些時候，可能不慎跌倒、犯錯，甚至被惡意攻擊，以致讓自己陷入一無是處的茫然境界。但不管發生了什麼事情或可能會發生什麼事情，都不會失去孩子原本就已存在的自我價值。我們如能如此肯定孩子，又還有誰能忽視他們的價值？還有什麼不能珍惜的事物？這一切均掌握在自己一念之間。

（本文原刊載於《師友月刊》，民國90年9月，第411期，p.74-77）

用愛終結校園打罵事件

如果說品質是尊嚴的前提，那麼，培養快樂、活潑、身心健全的孩子，應是老師尊嚴的最大保證。

打罵的迷思與夢魘

嚴禁「體罰」向為教育當局的一貫立場，但在我們傳統的觀念及教育發展中，「不打不成器」、「棒下出孝子」、「愛之深，責之切」似乎是舊有文化中所默認的管教孩子的方式。惟隨著社會的發展、民主意識的抬頭及各種人文學說的倡導，人身自由及人性尊嚴已成為現代人民的基本權利。因此，為保障學生受教權益，促進學生身心健全發展，教育部依教師法之規定，於八十六年七月十六日公布「教師輔導與管教學生辦法」，並以鼓勵學生優良表現、激發學生潛能、培養學生良好生活習慣、促進班級教學活動順利進行，為教師輔導與管教學生的目的。鑑於「體罰」概念的模糊及其可能造成之不當聯想，在上述辦法中，即以教育專業的立場，針對教師輔導與管教學生的目的、原則、時機等予以專業的規範，而「體罰」這個模糊不清的概念，自不適合列入該辦法。因此，該辦法公布施行後，教師處理學生偏差行為，只有管教「當與不當」的問題，而不是體罰與否的爭議。所謂管教得當係指教師遵照上開辦法之規定為之；反之，如果逾越上開辦法之規定，則屬不當。該辦法實施以來，教師不當打罵學生的事件，仍時有耳聞，教育部曾前部長特於八十九年七月二十八日召開記者會，重申嚴禁教師採用打、罵等不當管教方式，尤其是侮辱性、傷害學生自尊、不當比喻、詆毀學生家長先祖等語言暴力之行為，甚至強制採集學生指紋等侵權行為，更於法所不容。

「打」這個字，常因不同的情境而有不同的聯想與效果。就積極方面而言，我們常用「打氣」來鼓勵一個人，在挫折中要勇敢地挺起精神，再接再厲，克服萬難；也常用來勉勵參加競賽的選手或考生，要保持旺盛的企圖心，信心滿滿地展現最好的實力。而在消極方面，我們最常見到的是，當孩子不乖或表現不如成人的期望時，成人可能用「打」來遏止不乖的行為，或用來懲罰孩子的低落表現。這兩種不同的情境，對孩子來說，卻有天壤之別。前者帶給孩子信心、勇氣、希望與方向，是孩子一輩子健全成長的活水源頭；而後者不但創痛孩子的身體，也可能因而傷了孩子幼稚的心靈，扭曲孩子的價值觀，造成孩子一輩子的夢魘。這樣的「打」，不但違反教育愛的精神，也侵犯到孩子的人權，更明顯觸犯法律的規範。

而「罵」這個字，由於各人看法不同，也可能有不同的詮釋。過去，教師、父母為了糾正孩子不當的行為，可能會用罵的方式，來暫時抑制孩子不當的行為。這樣的罵，只要不涉及人身攻擊或粗暴言語，我們稱它為「訓誡」，是管教孩子的手段之一。但一般容易引發爭議的是，會造成對方心裡恐懼、感到尊嚴受損或羞辱的感覺，這樣的罵，已淪為情緒性的發洩或惡意的攻擊，早已失去「訓誡」的教育本質與意義，也不符合教育的規範，甚且造成公然侮辱的法律事件。

教育存在著許多面向的價值，其中最為珍貴的應是秉持一顆正直的心，用教育大愛，循循善誘的激勵那些學習困難或行為偏差的孩子，使其能自我接受、自我醒覺、自我肯定、進而找到有效且快樂的學習方法。但從許多教育的事實，我們卻也不難發現，有為數不少的教師仍抱持著傳統的觀念，認為打罵是無法避免的教育手段，甚至認為不打不罵孩子會吵翻天。這樣的老師，可能受到以前成長經驗複製的影響，把打罵視為理所當然的管教方法；也可能是因為個人情緒上的因素，習慣於用打罵的方式解決問題；另外則可能受到部分家長的默認甚且支持，才會理直氣壯的打罵孩子。試想，當一個老師如果已經依賴打罵的方式處理學生問題時，他怎麼可能會思考其他更人性、更有效的方法？而當一個老師把打罵視為教育學生的必要手段時，又怎麼會感受到孩子的痛苦、恐懼與無奈？已故諾貝爾和平獎得主德蕾莎修女曾說：「如果你批評他人，就會沒有時間付出愛。」這句話引用在老師管教學生的態度與方法上，也別有一番意涵。我深切地認為，不管老師是如何的關愛學生？如何的為學生的偏差行為難過？如何的為學生的成績低落感傷？只要老師打在孩子身上，必然痛在孩子心頭；只要老師罵在嘴上，也必然傷在孩子心上。若此，老師所流露出來的哪還有一絲絲的愛？我們常說，教育是價值創造與感動的過程，當老師用肢體、語言暴力加諸孩子身上時，孩子感受到的除了傷痛、恐懼，更嚴重的可能是價值的矛盾與經驗的複製。如此令人厭惡的管教，又怎能培養身心健全的孩子，創造教育的價值？從許多的研究及案例已血淋淋的告訴我們，打罵不但不符合教育的本質，更是違反教育原則的錯誤示範；打罵不但造成師生緊張，也大大地降低了教育的威信、貶損了教育的價值，傷害了教師的尊嚴，更造成教師的違法事件，危害教師的工作權益。因此，那些拿著棍子口口聲聲為學生好的老師，實應稍加停下腳步，高抬貴手，好好為自己的飯碗、為教育的尊嚴、為孩子的希望，重新省思，找到更人性、更好的方法管教孩子。

▌醒覺——從孩子身上找回赤子之心

記得有一天小女幼稚園放學回家，用略帶神秘又好奇的眼神問我說：「爸爸您覺得自己聰不聰明？」我頓時愣了一下，然後告訴她：「當然聰明，要不然怎麼會生到你。」小女馬上回我一句：「爸爸，您一定是『沖』馬桶第一『名』！」面對如此調皮又帶有趣味的問題與回應，身為教育工作者的我，意會到這是孩子在幼稚園腦筋急轉彎的創意傑作，立即給予擁抱式的讚美與鼓勵，孩子流露出興奮及得意的表情，心想這應該是每個人原本的純真吧！但試想，如果我用嚴肅的觀點來看待這個聽起來不是很文雅的回應，回以異樣的眼光或加以斥責，那麼孩子內心會遭受多大的挫折，甚至再也不願去嘗試富有創意的思考。試觀，時下不也有部分孩子在老師問他問題時，嘴巴老是張不開，惹得教師深感莫名其妙，甚至搖頭嘆氣。這些現象困擾著許多的教師，是教育工作者所必須深思與設法解決的。我曾好奇地和幾位嘴巴經常不張開的孩子聊天，想藉以了解他們不願張開嘴巴的背後原因，孩子告訴我，他們不敢也不願張開嘴巴的主要原因是，曾經在老師問問題時回答：「我不會」，結果老師以「你的腦袋只裝麵包，不裝知識」責難孩子，孩子頓時感到羞愧的不知如何是好。也因此在日後的學習過程中，只要是遇到不懂、不會的問題，只好嘴巴閉的緊緊的，再也不敢說「我不會」，深恐受到無奈的斥責。聽了這樣的心聲，不禁令人訝異與難過。教育工作的主要目的，就是要開啟孩子稚嫩的心靈，讓他接受更多成長所需的養料，如果因為成年人的不當管教態度，而封鎖了孩子的心靈及嘴巴，豈是教育的本質？

從教育的理論及相關研究中，可以清楚了了解到打罵的管教方式，存在著許多負面且深遠的影響。為了更進一步的驗證這些論點，我曾做過一個很簡單的觀察，就是父母用愛心引導孩子及用打罵管教孩子，對孩子心理的影響情形。結果發現，在父母愛心、耐心引導下成長的幼兒，當我拿著小竹子對著他說：「如果不聽話就要修理你時」，三、四歲左右的幼兒，竟然毫不畏懼的舞動著雙手，好奇地要把玩小竹子；而從小就被父母打罵的幼兒，當聽到此話時，卻流露出害怕、驚恐的眼神，並急欲轉頭逃避。試想，年小的幼兒在不同的管教方式中，已經學得不同的感受與反應，對其未來的影響，更是難以衡量。因此，看到孩子的反應與行為，我們是否要好好的檢討、省思，到底我們要教給孩子什麼？而我們又給了孩子什麼？為何原本純真無邪、充滿好奇的孩子，經過成人的管教後，卻漸漸失去天真爛漫的本性？在此，要呼籲所有的教育工作者，面對每個孩子的行為，要多細心觀察、耐心等待、用心發現並真心包容、熱心鼓勵。每個孩子心中都有一顆鑽石，需要我們協助發掘，讓他發光發亮；而做為一個現代的教育工作者，更應秉持「即使無法幫助學生，也不應傷害學生」的信念，讓每個孩子在安全、快樂、舒適的環境中找到自己的方向。

孩子的純真與善良，是人類最珍貴的本質，但這份特質，在成人身上似乎愈來愈模糊，愈來愈不重要；而成人對孩子所流露出來的赤子之心，似乎也愈來愈沒感覺，愈來愈不懂得珍視，這是人類追求物質文明所產生的副作用，也是現代人的悲哀。在成人世界中，對孩子有許多的規範與期望，舉凡日常生活禮儀、課業學習及做人處世道理等，概為成人世界對孩子的共同期待，但隨著功利主義的抬頭及速食文化的流竄，有許多的期待似乎已淪為永遠都做不到的口號。就以日常生活最需用的三句話「請、謝謝、對不起」來說，又有多少人能內化成自己人格的一部分，在該說的時候自然的表達出來。在我們生活的周遭環境中，經常可以發現，孩子是最真實表達的一群，「請、謝謝、對不起」似乎已成為年幼孩子世界的共通語言，但隨著年齡的成長及社會化的影響，這三句做人處世最基本的語言，卻愈來愈少。我平日是公車族，對於搭公車的文化，有很深刻的體會與感慨。在車上，每每聽到一批高中職以上學生高談闊論的吵雜，就讓人嘆息，難道這是我們期望的生活教育的成果嗎？而多數乘客下車時面無表情的投入十五元或刷完卡，就匆匆離去的冷漠，不禁令人錯愕，這就是自我標榜為禮儀之邦的國民風範嗎？

九十一年五月間，搭公車前往台北某大學參加學術研討會，因為不知道在哪一站下車，就請教後面一位大學生，她告訴我下一站就到了。到站前，我隨即投了十五塊錢，並向司機先生說聲謝謝，而隨後的一批大學生也都投了硬幣，但沒有一個人說謝謝。這個情形，一般人可能習以為常並認為是「正常」的現象，而在我腦海中卻響起「機會教育」這個最常被應用的教育名詞，我告訴自己「要提醒這批大學生向司機先生說聲謝謝」。於是，我先讚美身後的一位女學生：「你們學校的學生看起來都很有氣質。」（糾正別人之前，要先找到她的優點並給予讚美）那位學生回道：「我們是明星大學的學生」，從她自豪的神情，心想國內追求「明星」、崇拜「明星」二字的粗俗文化，似乎已讓莘莘學子中毒甚深；而我隨即回以：「如果你們能向司機先生說聲謝謝，會更有人的味道。」那位同學似乎感受到了，帶著略紅的臉部表情，向司機先生說聲謝謝，我心頭也舒慰許多。前一陣子，在報紙上看到一則報導，日本三位觀光客在台北某個商店買東西時，突然難為的不知所措，原因是當他們向老闆說要買某某東西時，老闆面無表情的把東西拿給他們，這三位觀光客心想是不是他們講錯話，惹得老闆生氣，才會面無表情。在教育過程中，我們不也經常提醒孩子，看到人要用微笑打招呼，但在孩子用微笑向我們說聲好、道聲早時，我們是否也用微笑給予親切的回應？就我所見，擺著一副苦瓜臉可能是國人臉部的共通表情與特質，也是成人世界的生活寫照。圓山大飯店前總裁嚴長壽先生在其所著《總裁獅子心》一書中提到，微笑被美國業界視為重要的美德，它可以縮短顧客的距離，提升服務的品質；德蕾莎修女也曾說：「用一個微笑牽動另一個微笑。」因此，如何從孩子純真的微笑，破除成人的苦瓜臉文化，是我們所應深思與努力的課題。

最近一位朋友傳來一封電子郵件，標題是「心靈加油站——『回到童心』」。其主要內容是一位母親描述看完「虎克船長」電影後的感想與省思。她特別寫道：「虎克船長這電影嘗試說出一個事實：成人世界本身就是一個框框，而走出那框框的力量，是透過孩子的童稚之心。孩子，是上帝在成人世界中播種的祝福。還沒有做母親前，對孩子實在沒太多耐心，直到做母親後，基於母愛的天性，貼近孩子的胸膛，漸漸看見一個更開闊的世界，這世界是我曾擁有卻不知不覺失落的。」這短短數語的心得分享，道出了成人世界的許多盲點，也喚醒我們是否該對成人世界諸多想當然爾的準則，提出不同的省思與批判，諸如為何將工作與休閒截然分割？人與人之間為何建立在利害關係上？為何觀看電視成為時下人們的重要休閒活動？為何對大自然不再感興趣？甚至破壞大自然？為何孩子的童心使我們厭煩？為何追求名利成為大部分人的生命重心？為何快樂的事一再遠離我們？這一連串的問題，或許成人世界已經忘得一乾二淨，但它卻應是成人世界的最痛，也是最應急切面對與解決的。

小女五歲前在鄉下由阿婆（祖母）教養，跟隨她的伯父、伯母及堂姐、堂兄一起生活，還有鄰居的小孩一起玩樂。每次假日回去探望，看她流露出的樸質與天真，心想這應是小孩童年的最佳生活環境。有一回，她跟隨堂兄到街道閒逛，一隻大狗向她撲來，她嚇到了，從此看到狗就害怕。近五歲時把她帶回台北，準備入學幼稚園，有一天帶她走在馬路邊，突然有一隻狗朝她走來，她很快地就躲到我的身後，並且急切地告訴我說：「爸爸，一條狗來了！」面對這樣的情境，多數的成人可能會蹲下身體，故做撿石頭嚇跑它的模樣。我也是如此，但讓我驚訝的是，當我蹲下要撿石頭時，小女竟然拉住我的身體說：「爸爸，您不能丟它，狗會痛！」剎時，我為小女的善良感到欣慰，同時，也為自己的魯莽感到慚愧。事後回想，小女純真的反應，應與幼時所有親人給她的溫馨關懷有必然的關係。耶穌說：「人若不能回轉到孩子的樣式，便不能進天國。」我們也常說，孩子是成人的一面鏡子，我們如能藉由老天所賜予的這面鏡子，好好的反躬自省，當能開啟僵化已久的心靈，返璞歸真，重新找回生命的本質與尊嚴。

超越與踐行——找回失去的教育愛

西班牙諾貝爾醫學獎得主拉蒙卡哈曾說：「唯有用熱情、用智慧去觀察事物，這事物才會把它的秘密，洩漏給我們。」相信每位教育工作者都了解打罵對孩子的傷害與影響，也深信老師絕不會惡意要打罵孩子，但不斷的校園打罵事件，不得不令我們感到憂心與惶恐。曾和那些主張採用打罵方式管教學生的教師討論過後發現，那些存有打罵心態或常用打罵方式的教師，內心存在許多的無奈、盲點及價值體系的矛盾。基本上，教師經過職前教育的養成，已習得教育專業的素養，稱得上是身心成熟的專業工作者。如果說，受過專業培養的教師仍振振有辭的認為打罵學生有理，那麼，那些身心未臻成熟的學生，是不是更有理由做些違法亂紀的事情？據此，要有效了解孩子的內心世界，引導孩子健全發展，必須靠老師的教育熱忱與智慧，才能動之以情、曉之以理，融化孩子塵封已久的心靈。

教育工作的可貴在於運用各種原理、方法，協助孩子在溫馨的學習環境中，不斷的成長與變化氣質；而老師的價值就是扮演好導演或推手的角色，運用愛心與智慧，提供孩子表演的空間與舞台，使每個孩子在循循善誘中，開啟良知良能，促進身心的健全發展。的確，教師是人，是具有七情六慾的凡人，所以「面對成績低落或頑劣的孩子，難免會求好心切而有情緒上的反應。因此，打罵孩子實在是不得已的措施。基於出自為學生好的動機，老師對學生的不當管教，應該是可以體諒與接受的。」如此的敘述，大概是一般教師為自己採用打罵方式管教學生時之共通說詞。聽起來好像頗有道理，但這符合教育的本質與精神嗎？如果打罵真能解決學生問題，為何學生問題依舊層出不窮，甚且不斷惡化？做為一位教育工作者，如已黔驢技窮，除了打罵，再也找不到更好的方法教導孩子時，請捫心自問、將心比心，「如果別的老師用相同的方式管教自己的孩子，或校長用相同的方式來對待老師時，是否能夠接受？」

打罵是傳統文化的盲點，也是成人世界的藉口。我們常說：「樂觀的人會在挫折中，找到希望；在困境中，找到一個方法。而悲觀的人則會在挫折中退縮；在困境中，找到一個藉口。」

從許多的現象可以了解，在過去打罵教育環境中成長的孩子，或多或少存在著悲觀的性格，以致局限於過去的經驗，把打罵視為可行的管教方式。看到新聞媒體不斷報導受虐兒的慘狀，就不禁要問「這難道不是打罵教育的惡果嗎？」看到青少年暴力事件之觸目驚心，不也應反思「這不就是校園打罵教育的毒瘤嗎？」而看到部分國中畢業典禮時，要請警察到校關心的窘境，我們還能執迷於打罵的教育方式嗎？我深信採用打罵方式的老師，仍具有深厚的愛心，只是受到傳統觀念及當前教育價值體系混淆的影響，一時陷入泥淖，載沉載浮而不自知。我們常說「失去金錢，損失不大；失去健康，損失慘重；失去勇氣，則失去全部。」期望所有第一線的教育工作者能激發教育大愛，鼓起勇氣，拋棄傳統的束縛，超越自我的設限，以視如己出的情懷，把每一個學生當做自己的孩子教，進而重建教育的價值、找回教育的尊嚴、懷抱教育的希望。

用愛開啟孩子生命的活水源頭

「愛」是人類生命的活水源頭。克理斯多夫曾說：「如果有愛，什麼都不重要；如果沒有愛，沒有東西是重要的。」而部分存有「不打不罵吵翻天」的老師，也能適時釐清教育的本質，超越傳統的窠臼，讓「不打不罵樂翻天」，成為學生的最愛、師生倫理的基石，進而塑造未來校園的新氣象。

赫伯特說：「唯有穿鞋的人，才知道鞋的哪一處擠腳。」而我也確信，在教育的過程中，也唯有學生才真正知道自己的苦悶、需求與方向。因此，做為現代的教育工作者必須摒棄過去一廂情願「為他好」的心態，改以「仔細觀察、耐心傾聽、用心輔導」的心境，有效協助孩子處理相關問題，讓孩子在免於恐懼、溫馨舒適的環境中學習。如果把老師比喻成一棵大樹，則必須時常修剪茂密的樹枝，才能留有空隙，讓大樹下的花草享受陽光的照射、雨水的滋潤，綻放出生意盎然、栩栩如生的生命。同理，老師如要能有效地教學，也必須經常檢討、自我充實改進，才能如大樹般庇蔭著所有成長中的孩童，讓孩子在多元彈性發展的空間中，信心滿滿的適性發展。

記得曾經看過一篇短文〈生命中的鵝卵石〉，其大意係描述一位教授上時間管理的課時，在桌上放了一個裝水的罐子，然後又從桌子下面分別拿出一些正好可以從罐口放進罐子裡的「鵝卵石」、小碎石、及一袋沙子，要學生將鵝卵石先放入後再將小碎石及沙子慢慢倒進罐子。之後，教授又拿出一大瓶水，把水倒在看似已經被鵝卵石、小碎石、小沙子填滿的罐子裡。最後，教授正色的問班上的同學：「我們從上面這些事情得到什麼樣重要的功課？」結果有位自以為聰明的學生回答說：「無論我們多忙，只要逼一下的話，還是可以多做一些。」這位教授微笑點頭說道：「答案不錯，但這並不是我要告訴你們的重要信息。」接著又說：「如果你不先將大的『鵝卵石』放進罐子裡，你也許以後永遠沒機會把它們再放進去，各位有沒有想過，什麼是你們生命中的鵝卵石」。看了這篇短文，不禁讓我驚訝、興奮與沉思。面對當前教育上的諸多問題，如校園不當管教事件、部分教師過度爭權而未善盡義務的種種亂象，不知身在其中的教育工作者是否依舊認同「教育是百年樹人的工作」？是否願意把教育視為終身奉獻的「志業」？我深信，如果老師能秉持良心，把教育當作「生命中的鵝卵石」，一定能用教育大愛欣賞孩子的學習、好奇與過錯，並用有效的方法協助孩子重建信心、努力找到人生方向。電腦網站上曾有一段話是這樣寫的「我們一再地與幸福擦肩而過。錯過年少時無瑕的青春，錯過相視而笑的默契，錯過對未來的熱烈想望。如果有一天，我們選擇停止長大，是不是能夠永遠停留在最喜愛的時光裡？」短短數語，卻蘊涵無數的生活哲理。教育工作不也是如此嗎？一批批的孩子進到學校，又離開學校，在短短相處的幾個年頭中，我們是否用心教導？真心相待？教育工作本是育才積德的修行工作，如果能好好審視教育的本質，珍惜這份極富意義的工作，不斷超越、用心付出，再頑劣的孩子也能在教師的大愛中找到希望，綻放生命的微笑。期待，所有的老師——用愛終結不當管教、開啟孩子生命的活水源頭。

（本文原刊載於《師友月刊》，民國 89 年 9 月，第 399 期，p.50-54）

老師可以是孩子生命的一盞明燈

每一株玫瑰都有刺，正如每一個人的性格中，都有你不能容忍的部分，但愛護一朵玫瑰，並不是努力把它的刺根除，而是要學習如何不被它的刺刺傷。

過去學校教育不甚普及的時代，私塾是學子們求學的主要場所。在那樣的時空背景下，老師享有極大的權威，師生之間是一種緊密的關係，因而「一日為師，終身為父」的觀念便儼然蔚為風尚。隨著社會的轉型及教育的普及，學生學習的管道已呈多元趨勢，學校不再是學生學習的唯一途徑，老師也不再是學生獲取知識的唯一來源；而終身教育的倡導，不但促使社會大眾對「學習」的意涵產生新的體認，也大大的改變了社會大眾的學習觀念與學習形態。在如此巨大的衝擊中，老師是否依舊是孩子生命的一盞明燈？

老師要「適時鼓勵，提供機會」

小時候家境不佳，加以父母不識字，知識的來源就完全仰賴學校的教育，除了教科書，在家裡不曾有機會接觸任何課外讀物。在一個文化不利環境中生長的孩子，起跑點是那樣的昏暗模糊，但老天是公平的，父母奔波於維繫家庭溫飽，再也沒有多餘的心力顧慮子女的課業（如真有多餘時間，也因知識有限，無從關心）。因此，一般學子所可能面臨來自父母過度期望之壓力，我卻從未有之，在這樣自由學習的環境中，老師給予我的關懷與鼓勵，就如黑暗中的明燈，激發我的信心、指引我的方向，是那麼的適切與重要。

國小二年級時，因為上學路程的關係，轉學到離家較近的小學（大坪國小），教我的是一位曾老師，雖然是男老師，但我覺得他很慈祥。起初，他不太認識我這位轉學生，但第一次月考後，凡是成績九十分的，他都會發一支鉛筆，當做鼓勵。記得他發鉛筆給我時，順便請班上一位個子長得最高的同學到前面，用略帶責備的口吻告訴他：「人家個子那麼小，都能考九十幾分，你長那麼高，怎麼考不到九十分？」這幾句平淡的話，聽在我的心裡，有股莫名的窩心。第一次得到老師這樣的獎品及肯定，覺得自己是有希望的孩子。從那時起，老師每天早上都要我幫他到辦公室倒一杯熱水，讓我感覺受到莫大的重視。那時個子小（大概只有一百二十一公分），要把熱水瓶從桌上拿下，都要費把勁，還要擔心被熱水燙到，真有點心驚膽顫，但在這樣的過程中，我深深感受到老師對我的關懷，也感謝老師給我倒開水的機會，讓我學到謹慎做事的態度。記得，有位學者格雷說：「給青少年最好的餽贈，就是給他機會。」也就是給他說的機會、給他表現、給他參與的機會。從這些參與過程中，才能展現孩子的潛能，激發他的創造力，展現他的生命力。而兒童又何嘗不是如此呢？老師不斷的提供孩子各種機會，就是對孩子最大的肯定與鼓勵。對這位曾經給我機會的恩師，心頭永遠感念著！

老師要「明察秋毫，愛心關懷」

雖然國小第一名畢業，但進到國中，很快地在起跑點又出現差距。那些早已在暑假期間提前上課的同學，個個了不起的神情，真有點讓人羨慕。有些同學看我土土的模樣，就稱我是「山裡來的」。果真不假，第一次月考，我的成績在第十名左右，但我毫不在意。升上二年級後，我幾乎保持在前三名。我的班導師詹松茂先生一直很關心我，在一個星期六放學的時候，他把我叫住，開始和我對話。他問我：「想不想升學？」我說：「想。」他說：「你家裡沒有電燈，放學回到家又要幫忙做家事，沒有太多的時間讀書。老師希望你住到我家，我免費提供你吃住，還問我『怕不怕吃辣，因為老師喜歡吃辣』。」第一次有老師這樣關心我，還願意提供我吃住，內心剎時有說不出的感動，但從小就沒離家過，要我搬到老師家住，真不知如何向父母啟口？自己心中也非常惶恐、不自在。當然，這件事也就沒和父母說明，星期一上課時，老師又把我叫去，問我：「有沒有和爸媽商量？老師昨天（星期日）在家裡等你等了一天。」從小就害羞且不善言詞的我，不知如何回答，只是一副歉意又無奈的站著。老師看到我傻愣愣的模樣，大概了解我無言以對的心情，就沒再問下去。我真的很感謝老師適時的打住話題，要不然，會造成我內心很大的困惑與不安。

老師並沒有因此而停止對我的關心。有一天，突然有位同學略帶不服的語氣告訴我：「老師特別偏心，特別關心你。」我訝異的問他：「何以見得？」他說：「老師趁著你到辦公室拿作業簿的時候，告訴全班同學：『傅木龍雖然家境不好，但很用功，大家要多關心他，不要小看他』。」聽後，內心有說不出的感動，雖然只是短短的幾句話，卻充滿著老師無限的關懷，尤其，老師很技巧地叫我到辦公室後，才向全班同學說明，替我保留了一份尊嚴。這樣的關懷，是溫馨的、感人的，更是高尚且值得分享與懷念的！就這樣，在老師無盡的關懷與勉勵中，我懷著感恩的心，順利的走過了俗稱的「青少年狂飆期」，卻一點都沒有「狂飆」的氣息！在十大傑出青年賴東進先生的《乞丐囝仔》一書中，他也特別提到陳淑蕙老師趁著他不在教室的時候，向全班同學說明他的困境，之後，同學們感動的為他準備香噴噴的端午節粽子，帶給他無比的驚奇與溫馨。我想，這些細膩、感人的關懷，要歸功於老師明眼的觀察、巧妙的構思、溫馨的引導及摯愛的付出。在家庭功能不彰、功利主義瀰漫的現代社會中，老師們若能本諸教育良知與教育大愛，使己身具備上述種種情懷，當能感化學子退縮、頑劣等種種不健全的心態，重新找回孩子生命的熱力與希望！

老師要「循循善誘，良性互動」

在師專求學的過程中，全部同學都住學校宿舍，長時間的相處，同學間建立深厚的情誼；在輔導教官的關懷與協助中，存有一份尊師敬長的特別情懷；而老師們朝夕間耳提面命的啟迪，如沐春風般的和樂融融情景，早已奠定亦師亦友的良性關係。在師專的園地裡，受到許多良師的諄諄教誨，也有學長學姊的引導與關懷，這樣充滿人性、多元、包容的環境，孕育了無數優秀的教育園丁，而我就是其中的一份子。

師專四年級選數理組則開啟了我學習的另一里程。我的物理老師李田英，是一位年輕、充滿活力、熱心教學的未婚女老師。她住在學校單身宿舍，每到傍晚，常會看到老師在網球場對著牆壁揮動著球拍，同學們都會熱切的和老師打聲招呼。有時，為了幫助我們學到更多的知識，老師會要我們利用晚上時間到實驗室做實驗，做學生的我們，當然會調皮的婉謝老師的好意，但老師總是充滿微笑且技巧的誘導我們，讓我們不好再拒絕。那時，老師最常用的秘方，就是請我們利用課後一起包水餃，對生長在都市的孩子來說，水餃可能是吃膩的餐點。但對我這在農村生長的孩子，卻是新鮮的事情。因此，同學們個個都滿心歡喜的在晚上作實驗，課後享受水餃大餐。尤其，在包水餃的過程中，男女同學大家一起分工合作，那種師生共享大餐，快樂逍遙的氣氛，雖事隔多年，但每回想起，心中總有幾許的溫馨與甜蜜。

在李老師的教導中，沒有批評，沒有責備，只有熱情的鼓勵、關懷與引導。這樣的師生情誼，成為我未來從事教育工作最好的學習榜樣。老師雖已邁入中年，但老師的關愛卻永遠長存在我的心中。至今，仍會利用休閒時間，和老師閒話家常，老師也把我們全家當做自己親人般的呵護著，而小女在電話中和「李奶奶」的問候與對話，就成為老師最大的開心果。心中常想，農業社會時代的老師，在物質匱乏、學校設備不佳的環境中，卻經常能讓學生留下許多美好且感人的記憶，甚至開啟孩子一輩子奮鬥的方向，而在設備完善、經費充裕現代學校中，是否該有更多的溫馨故事流傳於校園？

老師要「承先啓後，積極付出」

老師的工作與其它行業有極大的不同，老師的責任也與一般社會大眾迥異，老師所面對的是活生生、充滿潛能的孩子。教育的價值就是要把傳統優良的文化、美德傳遞給下一代，也希望透過教育的引導，不斷創新知識，培育優秀的國民。老師本身在成長的過程中，可能遭遇不愉快的人生經驗，但既然有心邁向教育大道，老師必須能開拓視野，前瞻未來，學習前人好的風範，放下過去種種的不快，才能在多變的大環境中，秉持教育的良知與理念，信心滿滿的迎接每一個橫逆與挑戰。

受到成長環境的影響，當我從師專畢業進入國小服務後，班上那些單親家庭、文化不利的孩子，總讓我對他們有多一分關懷，因而主動打電話噓寒問暖，和家長及孩子建立信賴、友善的關係，而和孩子一起包水餃，看到孩子們專注、投入的享受包水餃的過程與佳餚，當年師專時的情景又油然生起。若發現幾位個性內向的孩子羞澀的躲在角落，我也效法昔日恩師的技巧，給予尊嚴且溫馨的誘導。讓這些孩子，在團體中找到自己的定位，肯定自己存在的價值。在我的印象中，每個班級總有幾位被老師視為「不可教」或「沒希望」的孩子，這些準備被老師放棄的孩子，渾渾噩噩的在班級中喪失了尊嚴，迷失了方向。他們真的不可教、沒希望嗎？

有句諺語說：「沒有學不會的學生，只有不會教的老師。」這無非是勉勵老師們在遇到學生的種種問題時，能反躬自省，從不同的角度、用可行的方法思考學生的問題並協助學生快樂學習。每當看到那些準備被放棄的學生，內心總有許多的掙扎與矛盾，於是，我便主動和幾位導師商量，讓那些孩子到我班上試讀，當然很快的獲得同意。在他們到來之前，我便和班上學生說明、討論這些孩子的情形，並告訴他們，這些孩子不是笨、也不是不好，而是需要更多的關懷與包容。孩子是純真善良的，他們聽得懂也多能了解、體會我的用心，也願意配合一起關心那些孩子。如果問我，為何會願意做這些吃力不討好的事，我想，過去老師所給我的影響及個人成長的經驗，應是最好的答案。

離開小學教育已有十多年，學生們也都長大了。最讓我欣慰的是，依舊有學生會不定時的和我分享成長的喜悅或討論困惑。而在大學兼課的經驗中，我所秉持的理念，就是要激發這些大學生能勇於發問、討論並喜歡上課。我的方法是在二週內收齊學生的照片並熟記名字，隨時叫出學生的名字，讓學生有被尊重的感覺，並於課後和學生們閒聊他們關心的一些議題，讓學生感受老師是真的想關心他們。而為鼓勵他們發言，我和學生建立遊戲規則，每當學生舉手發言後，全班要用熱烈的掌聲表示肯定、鼓勵與友善，而我則會用「好！很好！謝謝你！」作為回應。這樣簡單的動作，卻有意想不到的效果。可見，老師只要能稍加用心、用方法，每個學生都是有希望，都是可以教的！

老師要「用心欣賞，激勵生命」

我們都知道，每一株玫瑰都有刺，正如每一個人的性格中，都有你不能容忍的部分，但愛護一朵玫瑰，並不是努力把它的刺根除，而是要學習如何不被它的刺刺傷。老師所面對的孩子，存在著不同的特性與潛能，老師要用欣賞玫瑰的胸襟，學習如何包容、尊重、激發孩子潛能，並提醒自己如何不讓自己的刺刺傷無辜的學生，才能幫助這些孩子快樂學習、適性發展。環顧實際教育情境、升學競爭及文憑至上的潮流，孩子的學習已被窄化為課本知識的獲得，孩子為考試而努力，老師也為孩子的成績而傷神。不論是教的老師或是被教的學生都陷入苦悶的深淵，失去教育應有的風貌，也造成許多青少年的問題。在當前多元智慧的倡導中，老師如要真正成為孩子成長的貴人、人生旅程的領航員，必須突破傳統教育過度偏重智育的迷思，好好欣賞每個孩子的特性，激發孩子的潛能，讓每個孩子找到一輩子努力的方向及生存最大的保障，就如同教育家吉諾特（H. G. Ginott）所說：「我們寧可培養一位快樂的清道夫，也不願培養一位失去人性的博士。」我相信，只要每個孩子肯定自己的價值，願意努力實踐自己的理想，孩子的生命力就能不斷往上提升。

「教得多，不如教得好；管得多，不如管得好。只有老師嘴巴閉起來，才是孩子真正學習的開始。」這簡短數語，卻隱含著教育現場許多的困惑與窘境。我們不也發現部分的老師常在升學的陰霾中，煎熬著自己；也在成績掛帥的桎梏中，燻焦了稚嫩的孩子。做為一個現代的老師，如果不能讓學生喜歡你、親近你，又怎能陶冶孩子、培育孩子？生命雖沒有定相，不可預知，也沒有逃避死亡的道路，但重要的是，如何在有限的歲月中，讓生命發光發亮，這需要老師的啟迪與引領。我們常說：「人生就像一篇文章，它不在乎長短，而在乎精不精采。」我深信，孩子在接受老師的教育過程中，可能只有短短數年，雖是孩子人生的一小片段，但要緊的是，在這短短數年中，老師給了孩子什麼？老師是否精采的演出，帶給孩子生命的熱力和希望？

（本文原刊載於《師友月刊》，民國 90 年 2 月，第 404 期，p.57-61）

從「心」歸零再出發

身為教育工作者，如能打從心底破一切相，每天抽出一點時間，讓自己澄心靜慮，使心靈寧靜，當能脫胎換骨，為自身的教育工作重新定位，創造自身及教育的價值。

生命的喜悅與無奈

人的生命，從精子與卵子的結合開始，而從嬰兒呱呱落地時，大哭一聲的種種跡象，更可以感受到人類初生之始，就擁有與生俱來的本能，那就是「求生存」。孩子在襁褓中受到父母及親人全心全意的撫育與關愛，稚嫩的臉頰流露出純真、動人的歡笑。父母餵奶的專注與細膩，無非是希望孩子多喝一點，快快長大。每一回的餵奶，都伴隨著父母無限的關愛與期望，看到孩子喝奶時那份專注與滿足的模樣，父母也毫不吝惜的親親孩子的臉頰或用各種動作、表情逗逗孩子，其所代表的意義，就是父母至高無上的鼓勵、肯定與欣慰。在如此舒適、溫馨的環境中，孩子所流露出來的全是與生俱來的純真與善良，而父母更期望著「孩子能快快樂樂的長大」。

隨著時光的流逝，嬰兒逐漸長大，與外界有更多互動的機會，孩子受到父母、師長的關懷，也深受到同學及社會環境的影響；孩子學到了知識，也學到了做人處世的基本道理；原本赤子純潔的心靈，開始產生了變化，父母及師長的態度與期望也伴隨著孩子的成長而有所調整。這一切的變化，就像時光在日常生活間無聲無息地不斷流逝一般，是那麼的自然，是那麼的難以捉摸。在人類生活空間中，孩子的成長勢必伴隨著一份責任，也因為這份責任，讓孩子脫胎換骨，開始面對人生種種的挑戰，這是成長的喜悅，也是成長的苦悶。

正視孩子無奈的源頭——教育工作者之盲與失

學校是孩子學習的重要場所，教師則是促進孩子身心健全發展的重要領航員。孩子經由家庭進入學校，為的就是要學到更多的知識與經驗，俾能日後進入社會，適應未來的生活。從教育的觀點，孩子的成長就是一種不斷學習的過程，既然是學習，就代表孩子是未成熟的個體，也意味著孩子擁有犯過的權利，必須經由教育工作者循循善誘，予以導正；亦需藉由教育工作者發自內心的關懷與鼓勵，才能協助孩子建立信心，養成正確的行為與習慣。這樣的教育過程，應是多元、溫馨、感人的畫面。但實際情形是否如此？從相關研究報告顯示，青少年心中苦悶時，頂多只有百分之二十會向教師傾訴，這顯示師生間冷漠與缺乏信賴的窘境；而青少年來自於課業壓力及感情困擾所導致的不快樂，也顯示教育過程仍存有諸多尚待克服的困難；另外，我在幾次與國小畢業生座談中，曾提出二個問題，請他們思索，第一個問題是「同學們要畢業了，心中會依依不捨的，請舉手」，大概有一半以上的同學舉手表示會依依不捨；第二個問題是「即將畢業，心中會感恩老師的，請舉手」，結果不到四分之一的同學舉手，而令人感嘆的是，那些舉手的同學馬上被多數沒舉手的同學「噓」，他們的手又漸漸放下了。從以上的現象，深切的體會到，孩子在求學的過程中，實在充滿著太多的苦悶與無奈，這不是教育的本質，也不是教師們的本意。但身為教育工作者必須勇敢、真誠的面對這樣的教育現象，才能虛心改進。

過去，行為主義者強調一個人的行為只受他得到的獎勵和懲罰所決定，也就是一個被獎勵的行為可能會一再重複，而一個被懲罰的行為最可能被壓抑。行為主義者對人類的行為採用最簡單化約的看法，認為「只要改變一個人的環境，就可以改變一個人的行為。」這樣的論點，似乎認為人的心智情況與行為反應無關，甚至可說否定了人有心智的存在。但從學者洪蘭教授所譯《學習樂觀・樂觀學習》一書（Martin E. P. Seligman, Ph. D. 所著）可以發現，一個人被動有兩個原因，第一、假如被動對你比較有利，你可以學習成為被動；第二、假如你完全放棄的話，你可以變成被動。這樣的論點，正說明人類心智的存在及其處理的功能。塞利格曼（Seligman）經由動物的實驗，說明人類的無助都是學習來的，而如果事前學到行為是有效的，那麼這個學習則可以預防無助的發生。在許多的研究中，我們似乎也發現，孩子在學校教育過程中，不斷的接受挫折，感受苦悶，也開始學習到了無助，這樣的現象，似乎可以從習得無助的實驗找到答案。

在學校中，學生常遭受的挫折，大概分為成績與品行兩方面。試觀那些成績低落的學生，經過多次的努力而仍無法達到教師的標準時，勢必會感到無奈，最後放棄自己。而那些行為偏差的孩子，如果無法找到真正的原因並有效的引導，最後也會覺得自討沒趣而不斷沉淪。這些現象，普遍存在於我們的教育園地，有太多太多的孩子，因為無奈、無助只好選擇自我放棄。「天生我材必有用」、「有教無類」、「因材施教」等重要的教育名言，都一再的提醒教育工作者只要能有效教導，孩子是有希望的。但面對孩子無助的事實，依舊令人惋惜。導致孩子無助的原因有很多，但我認為教育工作者的盲點與迷失，扮演關鍵的因素。

從實務工作體驗與觀察，我認為學校教師有三個盲點與迷失，導致學生學習的無奈，也造成師生關係的緊張。第一、在成績的要求方面，絕大部分的教師在求學的過程中，學業成績都不錯。所以，一旦從事教職後，易受經驗複製的影響，要求學生要有好的成績，並為學生訂定成績的標準。當那些成績低落的孩子，一再的努力仍無法達到教師的標準時，教師不易感受孩子內心的焦慮與無奈，常會以「不用功、偷懶、沒出息」等負面的批評，加諸在孩子身上，讓孩子喘不過氣，也抬不起頭。第二、在品行的要求方面，絕大部分的教師在求學的過程中，品行也都不錯。因此，對那些行為偏差的孩子，很難想像為何會有偏差的行為，也就無法體會那些學生的痛苦，而責以「調皮搗蛋、頑劣份子」等不當的言詞，使得這些原本就無奈的孩子，倍感委屈與無助，不得不另謀發展，找到發洩的管道。

第三、在知識及行為規範的標準方面，我們常說教育的價值，就在於針對個別差異，提供彈性多元的教育方法、教材與教育措施，使學生適性發展，找到一輩子努力的方向。但從許多教育的實際層面，我們卻發現，在知識的教導方面，教師常有一定的標準答案，甚至解決問題，也要求標準的步驟與方法，這些標準答案與方法，讓孩子的創造力逐漸喪失，也使孩子求知的欲望慢慢的淡化；而在行為規範方面，教師及學校也常從成人的角度，訂定一套方便管理的行為標準，孩子的生活、學習與課外活動，在統一規範中，顯得格格不入，讓原本充滿朝氣、創意、想像力及力求表現的活力，變得黯然失色。於此，孩子純真的本性、求生存的本能、及創意好奇的求知慾，在諸多不當的盲點與迷失中，逐漸的消失，取而代之的卻是無奈與無助，身為現代社會之教育工作者能不猛然驚醒與覺悟嗎？

還給孩子多元快樂發展的空間

依據美國學者波斯曼（Postman）的觀察，孩子要進入學校求學時，心中充滿著疑問，帶著許多的問號進到校園。所以，孩子就像一個問號「？」，但經過學校教育後，孩子畢業了卻像個句號「。」，孩子從問號「？」到句號「。」，到底隱含著什麼樣的教育現象？是所有教育工作者必須深思的問題。曾經在幾次與校長及教師座談中，問及這個句號的意涵，結果有部分的教育工作者回答：「句號代表功德圓滿。」剎時，讓與會人員發出曖昧的笑聲。試想，如果這個句號代表教育成果的功德圓滿，那又怎會有如此多的學生感到無奈？甚至教師感到不快樂呢？所以波斯曼認為句號「。」實乃象徵著學生因為受到諸多不當的教育影響，原本心中存在的疑問無法獲得滿意的解決，最後只好無奈的閉上嘴巴，再也不想問，再也不想說，這個句號就是嘴巴閉起來的意思。這雖是一個很小、很簡單的觀察，但卻是教育上重大且有意義的發現，非常值得大家一起面對與思考。

身為教育工作者必須開啟寬廣的胸襟，藉由不斷的反思，破除「著相」的迷失與困惑，才能還給孩子一個單純、多元發展的空間，也才能找回教育的本質與尊嚴。

從「心」歸零再出發

如果說：「人生如戲」，那麼，這齣戲也應反應生命的韌性、生活的百態，才足以說明人生的多樣性；也要展現在時空變異中個人所擁有的潛能與長遠發展的願景，才能夠顯示人生的發展性與可能性。從許多的生活現象，我們發現「人生不如意十之八九」的論調，似乎早就為我們多采多姿的人生下了苦悶的定論。相信每個人都期望有個快樂自在的生活，但卻又在不知不覺間播下了煩悶的種子。學者赫胥黎曾說：「人生不是受環境支配，而是受思想擺佈。」而愛默生也說：「怎樣思想，便有怎樣的生活。」由此，想要擺脫一切的無奈與苦悶，似乎要從內在的心念開啟。

記得曾經有這樣一個故事，「有一位禪師，他非常喜歡蘭花，所以養了許多蘭花，供奉在佛堂上，有一天他要出遠門，便交代他的弟子代為照顧蘭花。他的弟子每天仔細的照顧蘭花，但有一天澆水時，他心中一直想到這是師父心愛的蘭花，手就更為僵硬，於是，不小心將蘭花打翻並弄死了，他心中非常害怕，擔心師父生氣。有一天，他看到師父從山腳下緩緩地走回寺廟，便恭敬的站在門口迎接。當師父走到門口時，他向師父深深的一鞠躬，師父大為訝異，問他發生何事。他便將打翻蘭花的事情如實報告並請師父不要生氣。師父聽了，拍拍他的肩膀說：『我養蘭花只有兩個很簡單的目的，第一是美化環境，第二是供佛。』接著又說：『如果是為了生氣才養蘭花，我就不應該養了。』」如此簡單的情節與對話，印證在教育上，不也有異曲同工之妙嗎？教育的目的就是希望培養身心健全的現代國民，而每位教師的職責與使命，就是希望透過有效的教學，協助學生快樂成長。因此，面對教師自身的「著相」與對學生偏差行為之「無奈與氣憤」，希望能藉由上述老師父的禪機，得到適時的開悟，從心開啟個人的智慧，找回原有的純真與善良。蕭伯納曾說：「一生最大的快樂，就是把自己奉獻給一個自己認為重要的理想。」教育乃百年樹人的工作，關係著國家的整體發展、社會的長遠生存、人類的生活品質與個人的生命尊嚴，這是一件極富意義與挑戰的工作。身為教育工作者如能打從心底破一切相，每天抽出一點時間，讓自己澄心靜慮，使心靈寧靜，當能脫胎換骨，為自身的教育工作重新定位，創造自身及教育的價值。

墨瑞教授在《最後十四堂星期二的課》一書中說：「太多

人像是行屍走肉，就算他們做著自己認為重要的事，也似乎是半睡半醒。這是因為他們所追求的目標不對。生命若要有意義，就要投入去愛別人，投入去關懷你周遭的人，投入去創造一些讓你活得有目的、有意義的事情。」爰此，教育工作者如真要能為生民立命、為萬世開太平，就應常保赤子心，以最高的熱忱與敬業精神，奉獻於教育園地。而詩人羅勃・佛洛斯特（Robert Frost）在「沒有走的路」（The Road Not Taken）的詩句中也特別寫到：「黃樹林裡分叉兩條路，只可惜我不能都踏行……而我選擇了較少人跡的一條，使得一切多麼地不同。」人世間也有兩條路，一條是求名求利，一條是求真、求善、求美。而教育這條大道就屬後者，教育工作者既然走上這條大道，就如同羅勃・佛洛斯特所說的，是人跡較少的一條，但顯得格外不同。期望所有教育工作者能有此胸襟與體認，摒棄一切不當的「著相」，在這條大道上默默的耕耘，希望孩子能經由教育的培育，從問號「？」到問號「？」，而後面這個問號就是解決問題的能力及繼續學習的能力。也期望所有教育工作者「如果現在的挫折，會帶給您及孩子未來長遠的幸福，請您忍耐！現在的快樂，會帶給您及孩子未來長遠的不幸，請您拋棄！現在的付出，會帶給您及孩子未來長遠的快樂，請您不要吝嗇！」

（本文原刊載於《師友月刊》，民國89年8月，第398期，p.42-46）

還給德育應有的風貌

道德教育不是移山填海的工程，而是細針密縫的刺繡；不是金玉良言的標語，而是苦口婆心的叮嚀；不是法令規章的彙集，而是全體教育同仁心血汗水的結晶；道德教育的影響，不是在學生腦海中遺留僵化的教條，而是在學生心靈上點燃一盞永不熄滅的明燈。

無奈、感慨抑或改造的契機

九十年台大陳校長在校慶慶祝會中，痛心的談到國內教育的病因，他認為「過去幾十年來，台灣社會雖因政治、經濟和國際環境變遷而遭受不少衝擊，但生命信仰、生活信念、道德價值體系都沒有根本的改變。舊有價值不是受顛覆、就是被揚棄，新的價值卻未建立，這種風氣影響到校園，師生各自的責任被輕忽，講求品德已如空谷足音，不帶功利色彩的追求學問如同鳳毛麟角。」上述陳校長的慨嘆，指出了在物質富裕的社會中，校園裡師生的教學、輔導、研究、學習及信念建立與道德發展也受到嚴重的衝擊與考驗，因而自我本位、功利短視的氣息似乎早已籠罩在神聖的校園環境。

在幾次與中小學學生的對話中，聽到同學說道：「老師只會要求我們看到垃圾要撿起來，自己的腰卻彎不下；只會要求我們看到師長要敬禮，可是回禮點個頭都不情願；只會要求我們要關心同學及周遭環境，但連我們的名字也記不住。」這些孩子們不平的聲音中，竟有同學語出驚人表示：「部分的老師把道德踩在腳底下，卻拼命的要求我們表現出道德的行為」。唉！從同學們閃躲的眼神與不平的言詞中，感受到其內心深層不可言語的無奈、矛盾與悵然。

而身為第一線的教育工作者，看到國內政客說一套，做又是另一套的種種愚弄世人的騙術時，心中總有許多感慨與掙扎。感慨的是，在課堂上教導學生做人要誠實，對人要和氣，但社會上「大人們」種種爾虞我詐、謾罵批評、無中生有等極盡醜化之傷風敗德的場景，正如毒蛇猛獸一般地殘害稚子的心靈，亦如土石流般無情的衝擊脆弱的心田，淹沒孩子們所剩無幾的淨土，真叫老師們不知如何向孩子們說個清楚？掙扎的是，社會媒體誇大不實、刻意渲染的不當報導，對原本就成效不彰的道德教育，猶如雪上加霜般蓋上一層令人悚然的寒氣，即使老師用盡各種方法引導孩子的道德認知與發展，似乎也抵擋不住來自各方的滲透與污染，到底老師要抱持什麼樣的心態看待這樣的大環境？在這樣惡劣的環境中，老師又要如何心平氣和、積極樂觀的獻身教育，發揮教育應有的功能？

道德教育的本質
——協助個人獲得自在快樂的生活

教育乃培養個人身心健全成長、導向全人發展的過程，而所稱全人發展至少需涵蓋知識信念、善惡價值、情性感受、群性發展、健全體魄等五個面向。其中「善惡價值」就是我們所稱之「德育」，一個有品德的國民，能秉持良知，潔身自愛，亦能與人為善、處事圓融，問心無愧，即使要勸人改過，也能溫和慈祥，讓人心悅誠服。德育為道德教育之簡稱，乃學校為學生安排之教育活動與設施，其主要目的係啟發學生道德認知、培養道德觀念、陶冶道德情操、體悟道德精神，進而確切掌握道德之意義與本質，使個人行為合於學校及社會行為規範之歷程。就施教者而言，係依據道德規範，運用不同方法，以培養受教者善良品德與行為；就受教者言，是由學習活動中，獲得明確意識，判別善惡，表現良好品德，進而獲致幸福快樂的生活。直言之，德育乃是培養受教者是非善惡之價值判斷能力，養成適當道德觀念與行為習慣的過程。

道德的本質係指向善之終極關懷，而善之顯現於外的就是正義的品性、態度與習慣，也就是我們一般所稱之「道德勇氣」、「道德行為」或是「骨氣」。「正義」一詞在西方世界中，屬於普世性的重要概念，也是道德的核心價值，其主要精神是責任、公道、包容、尊重、關懷與良善。基於此種人文關懷的本質，在政府部門會有種種關懷、協助弱勢團體的措施；

在民間也會有各類型的公益團體，積極投入關懷的行列；在學校等教育環境，也會採行各種補償性的教育措施，協助每位學生獲得應有的受教權益並適性發展；就學生而言，一方面能表現出種種關懷、協助弱勢學生或團體的行為，一方面也能扮演勸導、鼓勵的角色，幫助學生改過遷善。凡此種種道德關懷之終極目的，不就是想藉由人為的力量幫助弱勢者得到延續生命應有之保障，更能尊嚴的生活，活出生命的價值嗎？

道德教育除應提升個人的自主性及自律能力，也應培養個人具有反省社會規範之不合理處的能力與勇氣，並能知德行德，以增強人類當自己主人的道德意識與權力。在過去傳統教育中，道德勇氣或骨氣是耳熟能詳的字眼，也代表知識分子的良知與良能。具體言之，它所象徵的意義是有所為與有所不為的君子風範，也就是該與不該的價值判斷。一個有道德勇氣、有骨氣的孩子，在相關問題討論中，如有不同的意見，會從尊重的本質，溫和理性地充分表達自己的見解，也會仔細聆聽別人不同的看法，重視別人的感受，如有不得體之處，也能適時表達歉意；同樣的，面對外在的種種誘惑，也能表現出應有的骨氣，有所不為，抗拒誘惑。英國大文豪蕭伯納（一九二五年獲得諾貝爾文學獎）曾指出「美德不在於戒除惡習，而在於不想要惡習」（Virtue consists, not in abstaining from vice, but in not desiring it.）；老子亦強調「見素抱樸，少思寡欲」。凡此，正是自我約束、自我節制之方，而自我約束、自我節制正是對他人和萬物的尊重與疼惜。這些傳統重要的德行，如能在現代學校教育中，融入於各種教學活動並落實於生活當中，道德教育才能生根，道德的核心價值才能夠被肯定、重視與彰顯，也才能培養出具有人文氣質之現代化國民。

道德教育的困境與盲點
——形式重實質、抽象重具體

美國教育家柯柏格（Kohlberg）曾經研究分析美國與台灣地區兒童道德發展之比較，發現到十六歲時，中國青少年發展到自律期的比率，還不到美國同年齡組比率的一半，顯示我國青少年道德發展呈現遲緩現象。而國內學著陳英豪與吳裕益在高雄市以中小學生為對象的研究結果，也發現高中二年級學生中幾乎百分之九十的人，仍停留在道德發展的第三個階段，距離柯柏格所說的道德自律期（第五、六階段）尚遠。陳倬民也指出，美國在一九九〇年有三位教授，以美國、土耳其、以色列、台灣四個國家地區，針對不同年齡層做調查，分別是十二至十五歲，相當於國中階段，十五至十八歲，相當於高中階段，和十八至二十二歲大學階段，對這三個年齡層以九項標準做分析調查。將資料量化後分成兩大類，自律與他律能力，結果呈現十二至十五歲階段自律能力的表現，以色列最好，自律、他律各佔百分之五十；台灣學生自律能力的比例最低，是百分之十比百分之九十。但到十八至二十二歲階段，以色列自律能力從百分之五十提升到百分之九十五，台灣中學生與大學生自律、他律的比例則是百分之十八比百分之八十二。該項結論有兩點與台灣地區有關，第一點結論是台灣的青少年的道德層次並未隨年齡成長，從他律走向自律模式。第二個結論是台灣地區的學生是來自中產階級的孩子，以色列地區有的來自鄉村，有的來自城市，台灣地區自律比率從百分之十到百分之十八是進步嗎？事實上，從國中到大學已經因入學考試淘汰篩選一部分的學生，同一個年齡層只有百分之十五進入大學，經過篩選之後的學生卻只有百分之十八的自律能力，這不但沒進步，還顯示退步的現象。所以，第二個結論可說台灣地區中產階級家庭中孩子的自律表現能力，還不如美國、以色列地區藍領階級家庭中的孩子。

國父孫中山先生說：「有道德始有國家，有道德始成世界。」可見道德對於國家生存發展之重要與長遠影響。因此，在急遽變遷的社會洪流中，要能堅持國家既定方向，勇往邁進，我們也應建立「有德育始有國家，有德育始成世界」的信念，培養懂得關懷與尊重、堅持正義與公平、兼顧責任與權益的現代公民。從以上學者專家之調查研究發現，我國青少年道德發展的遲滯現象，正顯示出道德教育成效不彰的嚴重問題。其主要原因又在那裡？值得省思與深入探究。教育部（民 82）在「促進中小學教育五育均衡發展策略之研究」報告中指出，我國德育教育的問題如下：㈠教育目標方向迷失，國家用人制度注重文憑、學位與考試資格，社會價值觀亦以學歷為重；㈡學校以升學為唯一導向，道德教育偏重團體紀律的說教，缺乏個別行為的實踐；㈢整體潛在課程，缺乏有計畫、有組織的教材設計，也缺乏有利於施教的情境；㈣教學時間急迫，較難進行討論、澄清等費時的活動；㈤部分教材脫離現實生活意義，陳義過高，不易引發思考，與現實生活脫節，不易落實日常生活中；(六)師資培育效果未盡理想，部分教師缺乏正確認知與能力，無法有效落實德育教育；(七)在職進修活動的內涵、實施與施教者亦未能正視德育的價值，至未將德育的內涵融入進修過程；(八)部分學生因受家長觀念或社會氣氛的影響而不重視德育的學習與實踐；(九)部分大眾傳播媒體的不當報導，產生嚴重的負面影響；(十)部分家長偏重智育、重視分數及升學，以此論斷教師及學校辦學優劣的依據；(十一)部分家長忽視己身責任，將子女教育的成敗完全歸諸學校或教師；(十二)部分社會現況與風氣所趨，與學校教材有所落差，學生所見與所學不同，影響其認知，甚至形成認同困難。

陳聰文綜合國內學者專家對國民中小學道德教育之研究後，提出目前國民中小學道德教育實施的實際問題包括：(一)道德教育目標過於抽象、教材與生活脫節；(二)道德教學停留在知識灌輸、講授層次；(三)師資職前教育對道德教學的專業教育課程不足，而在職教育又不符需求；(四)道德教育評量偏重形式的紙筆測驗或教師的主觀經驗；(五)校內行政與教學系統對德育的認知與措施的衝突；(六)家庭不重視德育及傳播媒體的誤導等都造成學生價值矛盾，無法形成正確的行為。

綜合上述，我國道德教育在升學主義中，只剩徒具形式的教學與分數的高低；在政府文憑主義的引導中，一批批的學子陷入唯有讀書高的迷失；在教師涵養不足、教材抽象的教育現場，淪為配課的工具；在家庭功能瓦解、媒體不當渲染下，孩子在徬徨中不知所措；在如雷貫耳般說教式的風氣中，徒增響亮的口號。格瑞利（Horace Greeley，1822-1872，美國新聞工作者及政治領袖）主張「名望即泡沫，聲望是意外，財富會飛走。唯一持久不變的是品德。」（Fame is vapor, popularity is an accident, riches take wings. Only one thing endures and that is character.）道德既然是如此之重要，針對當前道德教育之缺失，我們能有什麼樣的反省？又能採取什麼樣有效可行的措施？

道德教育的重點與方法
——從身教、言教、境教、制教著手

教育部（民87）委託學者進行「大專畢業生生涯適應能力之研究」指出，社會各界對大專畢業生生涯能力之期望包括：責任、團隊、操守、重視工作，前三項都與道德有密切關係，顯示在功利追逐及利益掛帥的大環境中，道德仍是社會各界所關注的重要價值。而千代文教基金會（民88）的調查亦指出台灣人心中最有價值的人依序為：品德高尚的人（40.8%）、由努力奮鬥而事業成功的人（30.6%）、有專業技術的專家（9.6%）、白手起家的企業家（8.7%）、有高深學問者（3.1%）、有能力的政治人物（2.0%）、其他（1.4%）、當紅的影歌星（0.7%）、有特殊藝術修養者（0.6%）。由此，我們更應深具信心的把道德教育作為整體教育的核心工作，建立師生道德教育的共識，提升道德的心靈修為，降低對物欲的迷戀和對金錢財富的追求，轉而探索真理並關懷人類。同時，更應痛定思痛，深切反省，是否認清道德教育乃教育之核心？是否建立道德教育之核心價值？是否對道德教育的理念與實施形成共識？教師自己的信念是否足以引領孩子相信道德的價值？教師的作為是否足以彰顯正義與公平？

德育的要求是培養學生產生道德上的自覺，知道自己是生命的主體，可以自由選擇生命的進程，並且必須為自己的言行負責，這樣的要求似乎不可能靠上課講授而生效，也不容易在大團體活動中明確學習。因此，必須從根本的身教努力，老師的談吐、說話的語調、關懷的眼神、慈祥的臉龐、溫馨的微笑及對孩子的尊重與周遭環境的關懷，都能在潛移默化中，進入孩子的心靈。而整體教育環境的規畫、布置，亦將是陶冶心靈、拓展胸襟的重要關鍵，學校如能加強美化綠化並建構人文關懷的環境，讓學生在生活中感受被愛及被尊重的感覺，當能深化其對周遭人事物的信賴，進而表現出憐憫、關懷與幫助的意願。就整體教育而言，藉由公正、公開、公平的民主參與程序，透過對話、參與、討論、澄清的機制，建立可長可久的制度，亦是培養學生道德情操之重要歷程。

道德教育不是孤立的教育工作，要想成功必須靠其他條件配合，才能保證道德教育往成功的方向邁進。單文經認為學校推動德育的可行策略包括：身教、境教（道德環境：把班級建立成為道德高尚的團體，彼此尊重、關懷、包容、互助）、道德紀律（建立班級公約，學生有機會學習自治、自律、責任）、民主風氣（參與各項決定、分擔各項責任）、融入各科教學、合作教學以培養團隊精神、透過寫作、討論、角色扮演等方式鼓勵道德思考、教導衝突管理（公正、公平的處理方式）、表揚道德楷模、校務行政民主、社區全面參與。當然，家庭中親情的互動與倫理關係的建立，社會教育中，大眾傳播提供正確、客觀、完整、迅速的報導等都可以營造道德成長的有利情境，有益道德教育的實施與發展。

道德教育的願景——新觀念新思維

在論及道德發展的議題時，最常聽到的論調是，美國西點軍校的學生，發現同學的行為違反規範，會給予糾正、勸導；而台灣的大學生則多會相互的包庇、掩護，這樣的差異，正顯示出道德教育成效的不同，也說明中美兩國青少年道德發展的落差。傅佩榮認為德育的成敗繫於能否把外在規範轉化為內在自我要求，亦即由他律提升為自律。因此，首先要配合的是群育，教導學生團體生活中紀律的重要；其次要說明人與人都有相同的權利與義務，應相互尊重；然後，更應啟發學生自覺，使學生出於內心的感動而主動願意行善避惡。因此，在整個過程中，需要就日常生活中的個案加以討論或個別輔導，藉此幫助學生認清自己是自由的，可以做各種抉擇，同時也必須為言行的後果負責。沒有人不會犯錯，就怕他不肯改過，在做中學，也是實踐德育的重要關鍵。

道德教育必須回歸到日常生活的實踐上，重新建立師生道德價值觀。教育工作者若對社會道德缺乏關心，或者一味的抱怨和嘆氣，則學生對美德之追尋將欠缺掌舵的手，也無法正本清源的確立合理性的道德判斷規準。面對內外在主客觀環境的衝擊，中小學道德教育必須要有新的觀念、新的思維，才能破除過去的迷失，重新建立一套具體可行、活潑、動態、生活化及前瞻性的道德教育園地。因此，除了生活上的規範與輔導外，更應從教師的生活方式、教師的期望、學生的生活品質、學習態度及整個教育環境的規畫、安排與運用等潛在課程方面，全面性的規畫與發展，期使我國中小學道德教育能將私德和公德兼顧並重，才能維持社會的安定、和諧和進步，進而以地球村一員自居，為世界公民而努力。基此，陳光輝認為「中小學道德教育不是移山填海的工程，而是細針密縫的刺繡；不是金玉良言的標語，而是苦口婆心的叮嚀；不是法令規章的彙集，而是全體教育同仁心血汗水的結晶；中小學道德教育的影響，不是在學生腦海中遺留僵化的教條，而是在學生心靈上點燃一盞永不熄滅的明燈。」我們更期望藉由反省過去、解構迷失、建立新觀念、創造新思維，逐步達成德育目標「培育學生成熟的道德認知，使其能做合理的道德判斷，進而作為道德行為的指引」！

（本文原刊載於《師友月刊》，民國 91 年 7 月，第 421 期，p.6-10）

附　錄

啟迪孩子人生的重要寶典——《賞識你的孩子》讀後感

找不到的時候，覺得真理是那麼的神秘、奧妙和高不可攀，一旦找到時，就會突然醒悟到其平凡和可親的普遍性。

成人世界的迷失

人生之初始，是驚喜，更充滿希望；每個嬰幼兒是純真，更是動人。父母看待這些日日成長的孩子，是一份的期許，更是滿懷的希望。孩子的內心，如同外在大世界的繽紛多彩，需要父母、老師用心關懷與欣賞，才能使那稚嫩的心靈得以滋潤、開展。但曾幾何時，父母的要求、比較、苛責，伴隨三餐此起彼落，致使無奈、苦悶悄悄地爬上孩子的臉龐。孩子，原本純真無邪的孩子，開始對成人世界的紛亂與不真，存有許多的疑惑與惶恐，究竟應如何適應？應如何不斷超越成長？孩子有不同的天賦，也有不同的外貌；有不同的優點，也有個別的限制，這一切都是極為正常與自然的現象，只有坦然面對、自在接受，才能轉化成人庸俗狹隘的眼光，讓孩子保有獨一無二的價值。

▌慈父兼良師——周弘先生

周弘是一位只有初中畢業的普通工廠工人，在期待一位小生命的降臨時，上帝賜予他一個最珍貴的禮物——先天性聾啞的女兒婷婷。面對這樣的衝擊，他選擇勇敢承擔、積極改變。皇天不負苦心人，他讓這位智商僅一〇五的啞女成為神童，創造許多溫馨感人的奇蹟；他寫下教育孩子的種種心路歷程與心得，完成這本看似淺顯卻影響深遠的巨著——《賞識你的孩子》；他到處奔波、分享賞識孩子的方法與成效，讓中國大陸掀起一股「賞識」的風潮。

周爸爸知道寶貝女兒是雙耳全聾的孩子之後，便帶著她走上一條與命運抗衡的艱辛道路，作者深刻體會這條漫長而沒有捷徑的道路，只有不服輸、不低頭、不放棄的堅忍毅力，才能在荊棘中小步的蹣跚前進。一般人都認為孩子開口叫爸媽，是天經地義的事，但面對聾啞的孩子，作者堅決的告訴自己「只要能讓孩子叫聲爸爸，即使是傾家蕩產在所不惜」，他也勉勵自己「只要有百分之一的希望，就要付出百分之百的努力」。因此，他在失望中追求希望，在痛苦中追求快樂，經歷許多嘗試、嘲笑、挫折、痛苦、煎熬，身為爸爸的他卻一點也不覺得累，因為他相信孩子一定能脫胎換骨，因為他願意為女兒付出一切。

生長在台灣富裕社會的父母，常受到功利、物質、名利等因素的影響，把孩子當作自己的財產，盡用自己的標準、眼光來看待孩子的學習、期待孩子的未來，以致孩子的教育受到扭曲，孩子的學習成為負擔。而部分老師也在社會及家長的要求下，逐漸失去教育的理念，根據成績，把孩子區分為「好學生」、「壞學生」，窄化了孩子的學習空間與生活視野，這樣一連串不當的教育與期待，無怪乎孩子的嘴巴逐漸的閉上、孩子的信心不斷的流失、孩子的歡笑日復一日的消逝，我們似乎在不知不覺中用「愛」摧殘了我們的孩子。

反璞歸真

——用賞識嬰兒成長的方法與心態引導孩子

我們常說，鼓掌表示接納、肯定，能增強信心，激勵士氣，這樣的論點，人盡皆知，但「知道」的多，「行道」的少，以致生活周遭不是擾攘吵雜，就是冷漠寂靜。作者告訴我們，他所採用的方法，大家都用過，只是時間久了，就不再用它，也漸漸把它遺忘了。試想，什麼樣的教育方式是我們曾經都用過，但到最後卻捨棄的，而這卻是作者成功地教育婷婷成為天才的方法？答案很簡單，就是「賞識」而已。作者認為賞識導致成功，抱怨導致失敗；不是好孩子需要賞識，而是賞識使他們變得愈來愈好；不是壞孩子需要抱怨，而是抱怨使他們變得愈來愈壞。

讓我們回想一下，小時候學說話，只要能發出一個音，父母便雀躍不已，趕緊抱起，擁在胸前，溫柔的眼神、親親臉頰等親密、溫馨的肢體語言，孩子接二連三感受到的是肯定、鼓舞與被愛；學走路，只要能兩腳站立，即使是搖搖晃晃，父母會帶著多大的喜悅，圍繞身邊，不斷地鼓舞著「好棒！好棒！」，孩子體會到那種獨自站立時的自信與驕傲，終能勇敢地、冒險地跨出人生的第一步；孩子跌倒了，趴在地上，觀望四周，父母不停的喊加油，孩子就在積極鼓勵與熱切期待中跌跌撞撞地邁向人生道路。如此簡潔且深具意義的教育方式，卻在成人忙碌的心頭中逐漸流逝，怎不令人惋惜！

天下沒有什麼是完美的，在我們的內心裡，只要願意，永遠可以把它們看成是完美的。這樣的想法會讓我們對每一個人、每一件事、每一種物，抱持正向、積極的態度，進而產生信心與好感，作者勉勵我們「那怕天下所有人都看不起你的孩子，作父母的也要含著熱淚地欣賞他、擁抱他、讚美他，為自己創造的生命而自豪」，這樣純真、偉大的親情與至愛，不正是孩子成長最需要的活水源頭嗎？而我們又給了多少？當老師、父母用嚴厲的語氣、冷漠的眼神，挑剔孩子、責備孩子，孩子又如何能感受到尊重、關懷的價值？當老師、父母不斷地越俎代庖，強勢的灌輸一切給孩子，已無形中剝奪孩子自我探索、自我成長的機會，孩子又如何能培養自信、相信自己是一個「行」的孩子？部分老師口中的「問題學生」、父母心裡的「問題孩子」不也可能是在不當的引導與期望中所造成的嗎？作者秉持「說你行，你就行，不行也行；說你不行，你就不行，行也不行。」的信念，把聾啞孩子教成天才，這與德國詩人歌德所說「和人相處對待他的方式，非常重要。如果你認為他是什麼樣的人，就用什麼樣的方式對待他，他就可能就成為什麼樣的人。

如果你認為他應該是什麼樣的人或者可能成為什麼樣的人，你用那應該或可能的方式對待他，他就成為你認為應該或可能的人。」不也有異曲同工之妙嗎？

溫馨案例——啓迪良知

在終身學習的時代裡，學習是一件無窮無盡的旅程，這世界上有太多值得我們學習和探究的事物，需要我們用心體會、用心經營。若僅學習課本中的知識，並以成績來評定孩子的一切，這樣的學習不夠寬廣，這樣的人生不夠精采。書中作者提到「沒有種不好的莊稼，只有不會種莊稼的農民；農民怎麼對待莊稼，決定了莊稼的命運。同樣地，家長怎樣對待孩子，也決定了孩子的命運。」像婷婷這樣全聾的小孩，在很多家庭中可能都是父母親一輩子心中永遠的痛，因而怨天尤人或自暴自棄，可能讓不幸持續地惡化。但是在周弘和婷婷這對父女身上，我們看到了一個永不放棄的父親，及一個不斷創造奇蹟的小孩；或許人們會問，婷婷是個全聾的天才小孩嗎？不是，她的智商跟普通人一樣，只有一百出頭而已，但是為什麼她可以打破金氏世界紀錄，還成為第一位全聾的師範大學學生？因為周爸爸在教育孩子時，回歸到教孩子學說話、學走路的心態，看到孩子的優點，不斷的鼓勵她發展潛能，也相信孩子是行的。孩子的生命好比一顆果樹，果樹有果枝（優點）與風枝（缺點），家長的目光如果一直盯在不長果樹的風枝上，風枝就會越長越壯，最後顆粒無收；家長的目光如果一直盯在果枝上，果枝就會越長越壯，最後必將是桃李滿樹。面對孩子的學習，我們總是在缺點中鑽牛角尖，在雞蛋裡挑骨頭，卻吝於欣賞孩子的優點。家長總習慣性的認為優點不說少不了，缺點不說就不得了，希望孩子細心，老說孩子粗心；希望孩子勇敢，老說孩子膽小；希望孩子好，老說孩子爛；希望孩子聰明，老說孩子笨；我們常會害怕孩子會因為一時的鼓勵與讚美就翹起尾巴，其實孩子夾起尾巴更是可怕。

目前世界四大音樂教育之一鈴木教學法的創辦人——鈴木鎮一，有人問他何以能如此優秀？他說要歸功於他有一位與眾不同的爸爸。在所有家長都要求孩子得到一百分的時候，鈴木爸爸只要求鈴木鎮一考六十分即可，因為他希望兒子能夠將剩下的時間用來博覽群書，將求知和學習的慾望還給自己，目的就是在於培養孩子的求知慾。鈴木的爸爸說：「求知是人世間最大的快樂，如果成天想到的只是考試、分數，那麼，求知不就變成一種無盡的苦難了嗎？」

由人本教育基金會所出版的《創意教室》一書中，鈴木鎮一提出這樣的觀點：「什麼樣的環境造就什麼樣的人才，什麼樣的家庭培養什麼樣的下一代。」很多時候，父母親錯誤的觀念，就可能導致孩子發展的錯誤方向。「打」、「罵」更是一般父母面對孩子問題時常用的技倆，但作者認為「打」是橫在兩代之間的一堵牆，許多家長的潛意識中認為打孩子是一件既簡單又能立竿見影的作法，但這樣粗暴的教育方式，不但讓孩子失去純真、快樂，也更顯得家長的無能和無知。打、罵可能形成一道無形的牆，切開了骨肉親情，拉開了彼此心靈的距離。

「打在兒身，痛在娘心」這樣的心情寫照，每天都在無數的家庭上演，家長的心靈在流血，挨打的孩子則在默默哭泣。這樣的方式，能稱為教育嗎？

孩子的活水源頭——從賞識開始

在《柏拉圖靈丹》一書中提到：「我們不需要承擔所有的責任，但我們有責任做最好的規畫」。每個孩子都有存在的價值，發展的方向，除了成績之外，一定有其他值得讓孩子追求的遠大目標，父母及老師們所要做的是提供安全、溫馨的環境，讓孩子能根據自己的天賦、潛能、興趣與身心發展，找到自己的人生方向。婷婷的爸爸並沒有發明什麼新的教育方式，只是用最基本的「鼓勵、鼓勵、再鼓勵」，造就出婷婷這樣優秀的孩子，那為什麼我們卻做不到呢？我們的小孩，正如同我們一樣，雖然不是一個完美的人，卻能夠在「賞識」的過程中，學習肯定自己、成長自己。

賞識教育並不是一個空談的理想，更不是一種遙不可及的闊論，仔細拜讀本書，深刻的感受到它純樸和簡單的風味，它就像是教育界中的真理，平凡的像陽光、空氣和水，隨時隨地都在我們身旁，也都在我們心中。找不到的時候，覺得真理是那麼的神秘、奧妙和高不可攀，一旦找到時，就會突然醒悟到其平凡和可親的普遍性。賞識教育並不是要教育者刻意的去讚美或是鼓勵，重要的是心態的轉變，就是要看得起每位孩子，承認每個孩子的差異性，也真心的接受其差異性。欣賞孩子不只在學業上的各方面進步，在欣賞中教育，在教育中欣賞，能讓家長走進孩子的心靈，讓孩子能夠在家長的懷抱中覺醒，使彼此的關係更為融洽與和諧。誠如作者所言「生命是一個流程，由每一分、每一秒去組成，生命的一頁是快樂還是痛苦，是感動還是冷漠，是『得升』還是失落，由你的手來翻閱；從生命的原點出發，生命又是無限大的！」希望藉由賞識，多多欣賞、了解、體會小孩的感受，不要妄下斷語而傷害到孩子。畢竟每一個孩子都有屬於自己的世界，只要用心賞識，可以發現晶亮耀眼的寶石，也能找到更燦爛的陽光。

（本文原刊載於《學生輔導雙月刊》，民國 91 年 9 月，第 82 期，p. 153-158）

教育是創造價值與感動的過程

張太乙　劉穎蓁　郭家彥　整理

我們這次訪問到對於學生輔導與管教非常有心得的傅木龍老師，在聽過老師的課後，個個都是如沐春風。懷著「好老師要向好同學介紹」的心情，爭相地聽老師的課，他那醍醐灌頂的話語，常常讓我們對學生的管理方式有新的體悟，也更堅信教育的理念。

察言觀色

老師應具備觀察的能力，假如老師進入一個班級，有部分學生無精打彩，老師必須及時發現並善加關懷、引導，這是一般大學教授容易忽略的事情。我（傅木龍老師）曾和一些大學教授討論這些問題，並且提醒他們：「您們是專門知識領域的巨人，但可能是教育的侏儒！」但我認為這些教授也是無辜的。他們的求學過程可能沒有太多的機會去討論、體會這些知識領域以外的事物，一旦順利拿到了博士學位，就去教書傳遞知識，容易忽略如何有效和學生相處及引導學生的方法。教育的價值在老師本諸教育的良知與熱忱，並用各種可行的方法去感動學生、引導學生。所以，老師如果只專注於知識的傳遞，就把教育的內涵與學習的範圍太過窄化了！從實際和大學生的對話中，可以感受到真正樂在學習並會感念老師的大學生不是太多。這種現象，並非是學生單方面的事情，必須從老師本身的角度去重新思考。可能是老師不懂得關心學生或沒有辦法給學生真正需要的東西，這是一個很值得深思的問題，也是校園中令人擔心的問題。

付出

老師要用什麼方法觀察學生？我認為，老師應具備：

1. 教育領域的涵養：基本的教育專業知識。
2. 加強本身的人格特質：熱情、樂觀與主動。

一般來說，如果老師沒有和學生建立緊密的信賴關係，即老師平常沒有和學生建立一份師生的情誼、友善的關係，學生遇到困難的時候，不太容易去找老師。因此老師必須利用各種可能的機會，表達關心學生並分享學生學習及生活等種種事情的意願，假如學生失戀了，願意去找老師談談，把心中的話說出來和老師分享與討論，我相信這是受學生喜愛且成功的老師。我覺得教育學程的課程就是要培養出這樣的老師，但如果教育學程的老師沒有具備這些教師的人格特質（熱情、樂觀與主動），也很難培養出具備這些特質的學生，因為，一個不熱情的老師很難培養出一個熱情的學生。

真心、用心

老師應該具備教學的能力及輔導與管教的能力，經常關心學生及與學生互動，才能有效幫學生解決危機。老師在課堂上除了傳遞知識，更應該對學生上課發生的事情及心情的起伏有所了解與掌握。老師是否能記住班上學生的名字，無論對教學或班級經營都是十分關鍵的。老師記住學生的名字，會讓學生覺得受尊重。因此，尊重學生的首要之務就是主動認識學生，並記住學生的姓名，用親切的語調叫出學生的名字。學生是教育的主體，老師則是幫助學生成長的貴人。老師的主要職責就是關心學生、教導學生並幫助學生快樂學習、適性發展。因此，老師進到學校就應表現出積極關心學生的態度與行為。但部分老師把自身的學術升等當成是主要的目標，寧願把大部分的時間、精力花在學術研究，卻不願意用心認識學生，和學生建立良好的關係。這樣只注重自己的研究升等，而沒有以學生為主體的教育過程，很難培養學生的熱情，也不易激發學生的潛能與生命力。像這些修習教育學程的學生，如果也沒有培養這些能力與特質，以後從事教職，當然也就不易用多元的方法與態度去教導學生。在如此的循環過程中，我們的教育可能就存在著一些負面的因子。在談到說話的技巧之前，如果老師都不認識學生，老師的問題再好，學生還是冷默的；老師的問題再具有啟發性，也不易引起學生的動機。我常想身為知識份子的大學生應該經常絞盡腦汁，針對老師的教學內容、上課方式，甚至教學態度向老師挑戰。問問老師認不認識我，讓老師深入地想一想如何有效建立良好的師生關係。至於認識學生的技巧，我建議在學期一開始就請每位學生交一張相片，作成完整的一張表，有空時就拿出來欣賞，在上課的時候就不需要點名，眼睛掃瞄全班，就知道誰沒來，也藉此了解學生的背景、特質。老師花很多時間在做高深的研究，為何不也花一點時間去做應該做的事，例如：去關心、認識學生，否則頂多只是一個教書匠。如果有一張相片表，就可以經常看，初步了解學生的特徵及特質，在課堂上針對學生的反應及情緒來做紀錄，如果發現學生有異狀，就可主動關心他；老師用心在學生身上，學生就會用心在課業上。用心、熱忱的老師可以感受到這些看起來好像微不足道的小事，存在著重要的意義與價值，它不需要花費老師太多的學問，但認識、尊重及傾聽學生的感受，是教育過程中非常重要的一環！如果老師迷失在追趕教學進度，那就會把學習過度窄化，知識是無限的，高深的學問永遠教不完，在知識領域之外的東西，如果沒有妥善規畫、引導，將是教育的一大損失。所以，老師教得多，不如教得好，也就是除了知識的傳授外，更要去關心學生。

是經師、是人師

格雷曾說：「對青少年最好的饋贈，就是給他機會。」用在教育上，就是提醒老師應給學生更多說的機會、表現的機會及參與的機會。因為學生在說的時候，哪些地方不是說得很周延，就知道他的問題在那裡，那也可能是全班同學的問題，把此問題再重新跟大家討論一次，這樣才叫收穫。如果只是聽老師講課，收穫是有限的；但如讓學生發表，他一定要去思考，而可以透過個人的發表，集思廣益，聽到不同的聲音，那學習的範圍就很廣。因為老師教導的內容只是學習範圍中很基本且很小的一部份，讓學生跟同儕之間共同學習，也從老師的身上去感受，才是重要的教學引導方式。所以，老師的嘴巴閉起來的時候，才是學生真正學習的開始。

老師發問的技巧很重要，但是先前的步驟要先做好：與學生建立良好的互動機制。很多大學生的手舉不起來，嘴巴也張不開，這樣的現象，可從師生的立場來探討：

學生：害怕被同學取笑或答錯時會被老師責備，所以不敢問也不敢回答問題。

教師：1. 沒有建立良好的互動機制。
2. 很少去鼓勵孩子說話。
3. 很少在發問後讚美他。

如果學生發問了幾次，都沒有獲得友善的回應，覺得受到冷淡，慢慢的就會失去發問的勇氣與動機，嘴巴也就閉起來了。

課堂巧問

大多數的學生要到學校受教育的時候，心裡充滿著好奇，也帶著許多的問題到學校，他們認為學校是好玩的地方，也是解除心中疑惑的地方。所以，學生帶著許多的疑問到了學校，他就像是個「問號」，但在經過學校教育及家長不當期望之後，學生畢業了，卻變成「句號」的模樣。這個「句號」並不是學生得到了結論，而是他們的嘴巴閉起來，再也不想說！當老師上課所提出的問題或學生的發問，被給予一個制式的、標準答案，而不鼓勵學生質疑這些標準答案時，學生便逐漸養成不探索、不追問，只等待標準答案的被動態度。我們期望學生帶著問號進到學校，能夠在老師的誘導下，不斷的挑戰與成長，畢業之後，也能像個「問號」，這個問號是解決問題的能力與繼續學習的動力。老師如果能從這個角度去努力引導學生，就能帶給學生無窮的機會、信心與希望。我在和大學生上課的時候，在第一節，便會和學生共同討論，建立上課的遊戲規則。我常和學生說，知識的獲得固然重要，但有比知識更為重要的東西，同學們應透過班級的教育活動好好的省思與學習。我的第一個遊戲規則是，上課時，同學要經常主動舉手發言。只要有同學舉手，全班都要給予熱烈的掌聲，即使同學回答「不懂或不會」，也要給予掌聲肯定。因為現在的學生有許多連說「不」（No）的勇氣都沒有，所以，常因為不好意思拒絕而造成自己的困擾，甚至誤入歧途。例如：部分吸毒的孩子，其實他可能不想去吸毒，但因為朋友找他，不知如何去拒絕，也就只好跟著做。根據我的了解，這些孩子可能在他過去成長的學習經驗中，因為曾說「不會、不懂」，而被老師或父母予以負面的批評，因此，慢慢流失掉說 NO 的勇氣與信心。我認為，掌聲象徵著肯定，也顯示出一種友善與支持的氣氛，掌聲會帶給對方信心與正向的方向。我們常說「在鼓勵環境中長大的孩子，對別人會有信心，對自己會有自信；在讚美環境中長大的孩子，則容易學會欣賞別人；而在批評環境中長大的孩子，則會學到批評別人、挑剔別人的壞毛病。」而當用掌聲鼓勵時，我們的兩個手掌不斷的拍擊，會促進身體血液的循環，有益身心健康。所以，當學生舉手發言後，除了會獲得全班的掌聲，我也會告訴他們說：「好！很好！謝謝你！」的口頭禪。如果老師能經常如此地表達積極、正向的肯定與鼓勵，學生在耳濡目染中，較能養成表達意見的好習慣。這是一種正向的引導，是傳統較育的最大盲點，也是現代教育工作者最應省思與努力的課題。我常覺得老師的嘴巴也是閉的很緊，不是閉著不談知識，而是閉著捨不得去鼓勵、讚美，但卻常常挑剔學生的毛病。教育的主要目的之一，就是要發現孩子的特質，欣賞孩子的優點，使他不斷表現好的行為。每個學生都有其不同的優點，鼓勵學生舉手發問，培養學生主動學習並樂於分享的積極態度，也讓學生在發問與討論中，學會傾聽與尊重的能力，更應藉此讓學生體會到自己是學習的主體，舉手發問及參與討論，是代表著「自我存在」的價值。因此，可以讓全班同學分成若干組，針對相關議題進行討論及分享心得。一般來說，老師在問問題的時候，應根據「對象」、「問題性質」、「問題難易」等面向而有不同的技巧。我們常會去問：「WHY？」這種發問的方式，會讓人感受強制、壓迫的語氣，甚至不舒服的感覺。不妨換另一種說法：「你們對這個問題有何看法？」這樣的發問，比較有尊重與引導的意味，學生只要回答我有何種看法，不是非要說出正確、標準的答案。教育是要培養孩子獨立探索與思考的能力，而不是一味的去找標準答案。在科技的領域可能有標準答案，但應容許用不同的方法；在人文的領域就不應該有太多的標準答案，應鼓勵多元的思考與批判，從不同角度表達個人的意見，也從對方的立場尊重彼此的歧見。學生用他曾學習過的知識來思考問題，當他發表看法時可能與其他人是不同的，教師要尊重其受教的主體、獨立的思考能力，尤其問到個人情感方面的問題時，更要慎重，盡量不要用太直接的方式去問：「為什麼？」和學生對話時，要用情感、心靈與學生交流，語調的運用便成為重要的媒介，要讓學生覺得老師是真的在關心我，千萬別說：「你告訴我！」可以換個說法：「老師很願意聽聽你的看法，你願不願意、你想不想跟老師分享？」學生比較會感受到這不是正式化的談論，心裡就不會有太多的防衛。

各路好漢齊聚一堂

老師要能吸引學生的注意力，除了要有豐富的內容，也要有活潑、生動、有趣的方式，還要根據學生的生活背景，提供合宜的教材，當然不是漫無目的在聊天，而是要使他們生活的有關事件和課堂結合，例如：問學生對打罵教育的看法？如果學生覺得不好，那就可以鼓勵學生寫一封信，告訴以前的那位老師，委婉的陳述當時被打罵的感受並提出自己的建議。回憶這些生活事件，學生就會覺得這個話題與我有關，就會想參與討論。

口吐蓮花

我們常說，影響個人一輩子命運的兩大關鍵因素，是樂觀和悲觀。樂觀或悲觀不是天生的，而是隨著年齡的成長與生活的經驗慢慢的形成，最後成為人格特質的一部分。一般來說，觀念影響著思想，思想左右著行為，而行為久而久之，就成為個人的習慣，習慣就是人格的基石，人格就影響我們一輩子的命運。因此，要培養學生養成好的習慣，才能塑造正向、積極的人格特質。老師如果經常激勵學生、讚美學生，較能強化學生正向的自我概念，會覺得自己是一個有能力的人、有希望的人。學期開始上課的前幾個禮拜，老師要盡量設法了解學生的特質，除了鼓勵發問，偶而也適時的請那幾位很少講話的學生發表看法，讓他能突破開口說話的困境，等到這位同學已有勇氣開口，老師再引導他發言的內容，這種漸進、階段性的引導，是鼓勵學生發言的有效方法。從多元智慧的觀點，老師要從不同的角度去欣賞孩子，去找到孩子的優點並給予適時的讚美，例如：有一個學生功課不是很理想，但是他很喜歡主動幫助同學，這時，老師便不應用成績去苛責他，反而要告訴他：「你喜歡幫助別人，可見你是一個很熱心的人，這是你很大的特質，如果每個人都能像你如此的熱心，社會一定會更好。」我曾要求學生每天寫三句讚美人的話，很多學生寫了一個禮拜後，就已用盡所有的形容詞，再也寫不出來。這和傳統的教育有很大的關係，在我們成長的過程中，很難得被讚美，所以，我們也沒學到讚美人的習慣與用語。一般人用的讚美語詞或時機，都很機械與僵化，不容易感動別人。其實，讚美應該根據對象的特質、情境與事件等有所調整。但我們的老師在成長的過程中很少被讚美，即使有，也多偏向成績方面的讚美，是很狹隘的讚美經驗。所以，我們必須有此體認，把鼓勵、讚美當作是人際間相處的重要學問，好好的深思與探討。我們隨時都可能遇見熟識的人，即使是陌生人，但如果有值得鼓勵或讚美的事情，也要能適時地找到他的優點給予合適的讚美，這樣的能力與人格特質是需要透過不斷的省思、對話、練習與體驗，才能習以為常。

天天三明治

學習是連續不斷的，是存在著某種程度的因果關係。每一個學習結果都是經由一連串的過程而來。如果老師直接告訴學生答案，那麼學生的學習便在缺乏「歷程」中而失去了許多。跳過了學習的過程，雖然我們看到了結果，但卻窄化了學習的本質。如果老師在回答問題時，直接告訴學生如何做，學生可能失去探索的能力，也可能會因怕無法達到老師的要求，而失去學習的動力。如果老師能用「三明治」的說話方式引導，學生會較願意把問題告訴老師，進而在問題中不斷地學習、成長與超越。做為一個老師要用寬廣、包容的同理心看待學生地「不懂」，不要用批評的語氣或態度認為學生不認真讀書，重要的是要鼓勵孩子在問題的探索與解決中學習各種能力。做為一個現代化的老師，除了要具備任教學科的專門知識，更應該涵養教育的專業素養與寬廣的通識教育能力，才能運用各種有效的方法啟迪學生，幫助學生快樂、自信的學習。以下用幾個案例加以探討、分析與說明：

☞學生告訴老師「我失戀了！」

老師如何用「三明治」方法引導學生：

第一層　同理心——感受他內心的種種委屈與無奈

首先，老師要親切的告訴學生：「老師能了解失戀是件令人苦悶、沮喪的事情，對你來說，一定是個很大的打擊。老師能體會你內心的委曲與無奈……。（老師要讓學生感受到老師是真的想了解他，才能和學生建立互信的機制，學生才會慢慢說出心裡的話；千萬不要用天下何處無芳草等方式，直接指出失戀有什麼關係。這時，講了一堆大道理，用太多理性的對話，是很難讓學生感受到老師的關懷的）」

第二層　肯定他——幫他找回信心

老師要委婉的引導學生「看你難過的樣子，老師發現你一定是個很用心的孩子，你那麼真誠、專心地跟她做朋友，而他卻不懂得珍惜，這不是你的錯，問題不在你身上……。（很多人把失戀的原因歸責在本身的錯，老師要先提醒他別自責，再將他的一些良好的人格特質說出來，幫助他建立信心）」

第三層　引導他——讓他找到新的方向

老師要和學生討論，幫助他了解男女交往的基本原則與兩性相互尊重的態度，並引導學生深入思索自我成長與超越的可行方法……。（陪著他思考問題，引導他去討論出一個新的方向，讓他體會到這正是學習的過程，也是一種人生的體驗）

☞轉一個彎

記得在九二一大地震後，曾聽到一個小孩問媽媽：「是不是所有的地震都發生在晚上。」孩子是好奇且敏銳的，在大地震時可能受到極大的驚嚇，留下深刻的印象，因此，才會問這個問題。這是一個很好的問題，因為他對地震產生了興趣與關心。請問，如果你們是孩子的媽媽，會如何回答他？

太　乙：「我可能會直接告訴他並不是都發生在晚上，而是機率比較高。」

家　彥：「你為什麼會問這個問題呢？我會告訴他在有些例子中，地震也有可能在早上。還有問他地震時候的感覺，該有哪些措施應對？」

傅老師：「對，很好！你跟太乙都是直接告訴他答案，你們要記住並善用『三明治』的方法。他的母親很有智慧，用很驚喜的語氣回答：『哇！你這個問題太棒了，連媽媽都沒想過。你要不要想想有什麼方法可以找到答案呢？（引導小孩自己去找答案）』孩子說：『我們學校有圖書館，我可以找一些書來閱讀。』母親：『很好，你真是用功的孩子！想看看，有哪些書可以找到有關地震的資料呢？』」

孩子第二天到學校圖書館，把百科全書找出來查了又查，把有關地震發生的原因等等，都記錄下來。他了解地震的相關知識，並高興的回家向媽媽報告。在這過程中，那位母親並沒有給孩子答案，而用鼓勵、誘導的方式，讓孩子主動的蒐集資料並解決自己的問題。

☞愈好奇的眼神就愈光亮

有一次，我和小女在看電視新聞，記者報導：「在某地發生重大車禍，幾個年輕人喪生，他們的生命就沒有了。」

孩子問：「什麼叫生命？」我們該如何對孩子說明什麼叫生命？

我答以：「你很注意聽呵！你竟然能那麼清楚記住報導的內容……。」並告訴他，你去冰箱拿三顆綠豆。他拿在手上並咬了一下，問我這麼硬，這是不是生命？我沒有回答他。（最重要的是要他去發現生命）我又叫他拿棉花出來，把綠豆放在上面，他又問這就是生命嗎？我依然沒告訴他。就問他：「你小時候喝什麼長大？他說要喝ㄋㄟ ㄋㄟ，我問他除了喝ㄋㄟ ㄋㄟ，還喝什麼？他說喝水。」於是，他每天澆水，大約經過一個禮拜後，他發現綠豆發芽了。他驚奇的跑來問我：「爸爸，這是不是生命。」

我說「對！」孩子每天用小尺量綠豆苗的長度，他發現豆苗長得很快，於是說：「我要多吃飯，否則會被它追過。」

在整個過程中，我沒有給孩子直接的答案，只是不斷的透過對話來引導孩子，這是教育工作者所應努力思考的問題。

☞欣賞創意的思路

曾經有位媽媽和小孩在看電視，正好報導歐洲地區冬天天氣冷到開始下雪的消息。電視畫面出現飄雪的景象，地面也堆了厚厚的雪。「為何會下雪？」孩子如此問著。「因為冬天的天氣很冷，所以才會下雪。」「那雪融化會變什麼？……」針對這樣的問題，我深信，絕大多數的父母都會告訴孩子雪融化會變成「水」。這位媽媽很直接的告訴孩子：「雪融化當然變成水。」但孩子是靠感官或直覺學習的，他從來沒有看過雪融化變水的樣子，於是便用疑惑的眼神問媽媽：「雪融化真的變水嗎？」媽媽答以：「如果不是變水，你認為會變什麼？」孩子想了一下，認真地說：「我認為雪融化會變成春天。」原來孩子的思考是有邏輯的，冬天天氣冷會下雪，雪融化需要有陽光，陽光出現，代表冬天過去，春天來了！

但如果這是考試的題目，寫出這樣的答案，一定會被老師打 X，這就是傳統教育講求標準答案的迷失。因此，面對知識的暴增及學習的多元，我們千萬別用太多的標準去限制孩子，題目的作答也不要用太多的選擇、填充；評量的方式更要多元化，除了一般的考試成績，還有許許多多孩子的表現，可以作為評量的參考，譬如：孩子上課的參與情形、學習檔案的整理、發問的技巧等等。如此，才能鼓勵孩子樂於表達意見，就可以聽到許多創意的想法；而如果只有一個固定的答案，孩子就會永遠被老師牽著鼻子走，再也不會去思考。

影響老師最深遠的一句話

諾貝爾和平獎得主德蕾莎修女曾說：「我們沒辦法做什麼偉大的事，但我們可以用偉大的愛去做一點點的善行。」每個老師對學生的讚美、鼓勵與肯定，就是最好的善行。而柏拉圖也曾說：「人類最有意義、最有價值的勝利是征服自己；人類最可恥、最可悲的勝利是被自己征服。」例如：老師遇到一位不聽話且愛搗蛋的學生，專給你找碴，老師可能會心情不好而有放棄他的念頭，如果老師堅定的告訴自己：「我要用有效的方法來引導他，帶給他關懷與希望」，這是一種教育愛，原想要放棄他，但是老師征服了自己，把他帶好。如果老師心想：「算了，放棄他吧！」那麼老師可能用盡各種方法把他趕走。如此，好像老師和他再也沒有任何關係，表面上，老師似乎勝利了，但是老師沒有勇氣、不願意去面對問題，被自己征服了，這是最可恥、最可悲的勝利。

（本文原刊載於《國立台灣科技大學教育學程學訊》，民國 90 年 1 月，第 4 期一卷，p.12-17）

國家圖書館出版品預行編目資料

生命之探：來去間的智慧／傅木龍著.
--初版.--臺北市：心理，2003（民92）
面； 公分.--（生命教育系列；47006）

ISBN 978-986-702-595-1（平裝）

1. 生命教育—論文，講詞等

528.5907　　92008805

生命教育系列 47006

生命之探：來去間的智慧

作　　者：傅木龍
總 編 輯：林敬堯
發 行 人：洪有義
出 版 者：心理出版社股份有限公司
地　　址：台北市大安區和平東路一段180號7樓
電　　話：(02) 23671490
傳　　真：(02) 23671457
郵撥帳號：19293172　心理出版社股份有限公司
網　　址：http://www.psy.com.tw
電子信箱：psychoco@ms15.hinet.net
駐美代表：Lisa Wu（Tel: 973 546-5845）
印 刷 者：玖進印刷有限公司
初版一刷：2003年6月
初版八刷：2013年1月
I S B N：978-957-702-595-1
定　　價：新台幣200元